*Denk mit der Liebe,
kleiner Fluss!*

Denk mit der Liebe, kleiner Fluss!

Eine spirituelle Parabel
von

Keera Liza Santos

Bibliografische Information der Deutschen Nationalbibliothek:
Die Deutsche Nationalbibliothek verzeichnet diese Publikation in
der Deutschen Nationalbibliografie; detaillierte bibliografische
Daten sind im Internet über http://dnb.dnb.de abrufbar.

Herstellung und Verlag:
BoD – Books on Demand, Norderstedt
ISBN 978-3-7386-4016-8

In einer herrlichen, sonnendurchfluteten Landschaft lag der kleine Fluss zufrieden in seinem Flussbett. Umgeben von saftigen, grünen Wiesen trieb er ruhig vor sich hin. An seinem Ufer wuchsen bunte Blumen und Pflanzen. Sein Wasser war klar, und wenn die Sonnenstrahlen auf ihm tanzten, funkelte er, wie mit Diamantenstaub überzogen. Es ging ihm gut. Jeder einzelne Tag machte ihm Spaß und wer an seinem Ufer innehielt, konnte ihn leise und fröhlich vor sich hinsingen hören.

In ihm lebten sehr viele Fische und Wasserpflanzen. Auch sie waren alle glücklich und zufrieden. Der kleine Fluss versorgte sie immer mit frischer Nahrung und Sauerstoff. Die Pflanzen an seinem Ufer begrüßten ihn jeden Morgen gut gelaunt. Sein Wasser, das sie über ihre Wurzeln aufnahmen, ließ sie kräftig wachsen. Viele Tiere besuchten ihn täglich und tranken aus ihm. Selbst die Steine, die im Flussbett lagen, waren immer vergnügt, denn das Wasser des Flusses streichelte ununterbrochen ganz sanft über ihre Rücken.

Der kleine Fluss genoss es, leicht und mühelos seinem Ziel, dem weiten Meer, jeden Tag ein Stückchen näherzukommen. Schon seit Langem hatte er diesen sehnsüchtigen, großen Traum: Eines Tages ans Meer zu kommen und mit ihm gemeinsam in dessen Wellen zu spielen und zu tanzen.

Doch eines Tages überfielen ihn plötzlich sonderbare Gedanken, die ihn zutiefst verwirrten: Ihm schien es, als wollten ihn die Steine in seinem Flussbett bremsen und aufhalten. Die Wasserpflanzen und Fische nahmen ihm den Sauerstoff weg und die Tiere, die an seinem Ufer tranken, stahlen ihm sein Wasser. Sogar die Sonne begann, ihn zu stören. Sie wollte ihn doch eh nur austrocknen!

Der kleine Fluss bekam grauenhafte Angst. Alle hatten sich gegen ihn verschworen. Sein Ziel, das endlose Meer, konnte er so doch nie erreichen! Er würde es niemals sehen, würde niemals vergnügt in seinen Wellen treiben und tanzen. Niemals würde er all die Kontinente sehen, von denen er immer schon geträumt hatte.

Auf einmal wurde er unendlich traurig. All die Anstrengungen, die ganzen Mühen, die er sich bisher machte, waren alle sinnlos gewesen. Er war und blieb das, was er immer schon war: ein kleiner, unbedeutender Fluss, der von anderen benutzt und übervorteilt wurde, der zeit seines Lebens in diesem kleinen und engen Flussbett gefangen war, für den es kein Entrinnen gab. Nichts konnte er tun, um all das zu verhindern, außer sich nur weiter abmühen, an sein Ziel zu kommen. Doch wozu? Es schien ein völlig aussichtsloses Unterfangen zu sein. Niemals würde er ankommen, alle arbeiteten gegen ihn und vergönnten es ihm nicht, endlich dorthin zu gelangen.

Die Angst klammerte sich mit so klammen Fingern an ihm fest, dass er sich fast nicht mehr bewegen konnte. Immer langsamer floss er dahin. Er fühlte sich kraftlos. Nichts machte ihm mehr Freude. Sein Ziel würde er ohnehin niemals erreichen. Wozu sollte er sich also überhaupt anstrengen?

Eines Morgens wachte er auf und stellte resigniert fest, dass er gar nicht mehr floss. Völlig unbeweglich lag er in seinem Flussbett. Kurz spielte er mit dem Gedanken, einmal mit den Füßen zu strampeln, damit sein Wasser wenigstens ein bisschen in Bewegung kam. Er verwarf diesen Gedanken aber gleich wieder. Es war doch ohnehin sinnlos. Er konnte sich den ganzen Aufwand sparen.

Der kleine Fluss gab auf, auch wenn es ihm das Herz dabei fast zerriss. Nichts hatte er sich sehnlicher gewünscht. Jede Sekunde des Tages trieb ihn dieser Wunsch an. Er konnte an nichts anderes denken und jede Nacht träumte er davon, wie er vergnügt mit dem Meer in dessen Wellen spielte und tanzte.

Doch jetzt konnte er diesen großen, wunderschönen Traum begraben. Es war vorbei. Ein für alle Mal. Nichts ging mehr. Nie mehr. Das Einzige, das er wirklich tun konnte, war aufzugeben, dachte er deprimiert. Seine Gedanken wurden jede Minute düsterer und trauriger, bis auch sein Wasser ganz trübe und dunkel war.

Mit der Zeit verschwanden immer mehr Wasserpflanzen und Fische. Auch die Tiere kamen nicht mehr an sein Ufer, um zu trinken. Typisch, dachte er. Kaum bekommen sie nicht mehr, was sie wollen, schon verlassen sie mich. Die Steine wurden sogar immer größer. Sie verdoppelten und verdreifachten sich. Sie lagerten einfach Schlamm und Algen auf sich ab. Klar, dachte er, kaum streichelte er sie nicht mehr täglich, wollten sie ihn ärgern und sofort auf sich aufmerksam machen. Alles musste sich nur immer um die anderen drehen. Sie forderten nur von ihm, sahen nur ihren eigenen Vorteil, aber nahmen überhaupt keine Rücksicht auf ihn. Wenn er keine Lust hatte, nach ihrer Nase zu tanzen, drehten sie ihm den Rücken zu, verließen ihn und taten alles, damit er sein Ziel niemals erreichen konnte. Die Welt war grausam und gemein!

Der kleine Fluss wurde todunglücklich. Sein Wasser war jetzt so trübe und dunkel, dass sogar die Sonnenstrahlen nicht mehr auf ihm tanzten. Als ihm das bewusst wurde, kippte die Stimmung des kleinen Flusses völlig und sein Wasser wurde so schwarz und klebrig wie Morast.

Der Himmel bemerkte, wie schwermütig der kleine Fluss war und versuchte, ihn aufzuheitern.

"Hey, kleiner Fluss, das Meer ist nicht mehr weit entfernt. Du musst nur noch ein bisschen weitertreiben. Bald hast du es erreicht. Nur noch ein Stück und du bist an deinem Ziel."

Der kleine Fluss murrte:

"Ich mag nicht mehr fließen. Ich werde das Meer nie sehen. Alle sind gegen mich und die Welt ist gemein zu mir."

Der Himmel war sehr überrascht, als er das hörte.

"Aber warum denn, kleiner Fluss? Was ist passiert?"

Der kleine Fluss erzählte dem Himmel von den Wasserpflanzen, den Fischen, den Tieren, den Steinen und von der Sonne. Alle hatten ihn verlassen. Niemand wollte mehr mit ihm zu tun haben und das Flussbett hielt ihn mit eiserner Faust gefangen.

"Da siehst du es selbst, Himmel. Alle sind gegen mich, niemand lässt mich ans Meer fließen."

Der Himmel schüttelte den Kopf.

"Nein, kleiner Fluss. Der Einzige, der dich bremst und dich nicht mehr fließen lässt, das bist *du selbst*. Niemand hat was gegen dich."

Das erboste den kleinen Fluss sehr und er begann, fürchterlich zu zetern. Er beschwerte sich lauthals über die Undankbarkeit, die Ausnutzung, den Egoismus, die Eifersucht, den Neid und die Gehässigkeit der anderen. Nur *sie* waren schuld daran, dass er nie ans Meer kommen würde. Er war nur ein kleiner, nutzloser Fluss, der sich immer sinnlos abgekämpft hatte. Das Flussbett konnte nicht ein einziges Mal geradeaus laufen. Immer wieder baute es auf seinem Weg Biegungen, Steigungen und andere Hindernisse ein. Je mehr er sich bemühte, schneller zu fließen und vorwärtszukommen, umso mehr Wasserpflanzen, Fische, Tiere und Steine kamen zu ihm. Zu guter Letzt kamen auch noch Insekten, Frösche, Enten, Schwäne und Kraniche. Alle wollten sie ihn aufhalten und behindern.

Wieder schüttelte der Himmel den Kopf.

"Das stimmt nicht, kleiner Fluss. Du selbst hast dich behindert."

Der kleine Fluss schnappte empört nach Luft.

"Du lügst, Himmel, und gemein bist du auch! Du willst genauso wie die anderen, dass es mir schlecht geht. Sieh mich doch nur an. Ich bin ganz schwarz und modrig und kann mich nicht mehr bewegen. Niemand will mehr mit mir zu tun haben, nicht einmal die Sonne, sogar sie versteckt sich. Das ist alles deine Schuld!"

Der Himmel wusste, dass der kleine Fluss sehr unglücklich war, und nahm es ihm nicht übel. Er fragte ganz ruhig:

"Wie kann ich dir helfen, kleiner Fluss?"

"Mir kann keiner helfen", murmelte dieser düster vor sich hin. "Ich bin nur noch ein sterbender Fluss, der zum Himmel stinkt. Die anderen haben mein klares, sauberes Wasser zu einer dunklen, zähen Brühe gemacht und mich aufgehalten. Du hast seelenruhig zugesehen und nichts dagegen unternommen. Du hasst mich auch, wie alle anderen und die ganze Welt."

"Ich *habe* dir zugesehen, kleiner Fluss, die ganze Zeit schon und darauf gewartet, dass du dich an mich wendest. Du warst so ein wunderschöner Fluss und hattest so viel Schwung und Lebenslust. Unmengen an Biegungen und Steigungen hast du erfolgreich überwunden und hinter dir gelassen. Alles hattest du richtig gemacht, um dein Ziel, das Meer, zu erreichen. Dann hast du plötzlich Angst bekommen. Warum?"

Der kleine Fluss jammerte:

"Wieso auch nicht? Ich hörte, wie die Wasserpflanzen und die Fische sich unterhielten. Sie sagten, es wäre toll, dass ich ihnen so viel Sauerstoff gebe. Ich hörte auch, wie die Tiere am Ufer sagten, sie würden den anderen Tieren von mir erzählen, damit auch sie zum Trinken herkommen. Die Steine flüsterten, sie wollten nicht mehr darauf verzichten, dass ich sie jeden Tag streichle. Und die Sonnenstrahlen tanzten so schnell auf mir, dass andere Insekten und Wasservögel an mein Ufer kamen zum Fressen und Trinken. Dem Flussbett fielen obendrein immer mehr Biegungen und Steigungen ein. Siehst du? Sie alle wollten mir nur schaden, mich ausnutzen und mich aufhalten. Das Meer werde ich nie erreichen. Niemand vergönnt es mir und niemand lässt mich dorthin. Ich habe überhaupt keine Lust und Kraft mehr, ständig gegen die Gemeinheiten der anderen anzukämpfen. Ich bleibe einfach liegen und gebe meinen Traum auf. Es ist ohnehin sinnlos." Der kleine Fluss weinte bittere Tränen, die in sein schlammiges Wasser tropften, und schluchzte: "Alle sind nur gegen mich. Ich kann nichts daran ändern. Gar nichts. Ich darf nur zusehen, wie es allen besser geht als mir. Sie haben eh schon so viele schöne Dinge und mir wollen sie alles wegnehmen. Alle sehen nur ihren eigenen Vorteil. Niemand nimmt Rücksicht auf mich und meinen Traum, obwohl ich immer für sie da war. Sie werden sich nie ändern, egal was ich tue und wie gut ich es immer mit ihnen meinte. Ich wollte niemandem etwas Böses. Ich wollte doch einfach nur ans Meer kommen und glücklich sein. Aber niemand vergönnt es mir."

Der Himmel hörte dem kleinen Fluss ruhig zu, dann fragte er:

"Sag mir, kleiner Fluss, wie kann ich dir helfen? Was wünschst du dir?"

Der kleine Fluss heulte auf:

"Du hörst mir ja nicht mal zu! Und helfen willst du mir überhaupt nicht. Das hast du nie getan. Du hast all das doch zugelassen. Unternommen hast du nie etwas. Dir hat es doch Spaß gemacht, mir zuzusehen, wie ich bis zur Erschöpfung gekämpft habe. Geholfen hast du nur allen anderen, mir nie. Ist doch typisch. Du hilfst nur denen, die egoistisch genug sind. Aber nicht jemandem wie mir."

"Hast du mich denn jemals um Hilfe gebeten?", fragte der Himmel.

"Nein, wozu auch? Du hilfst eh nur den anderen. Ich bin es ja nicht wert. Ich bin nur ein kleiner, unbedeutender Fluss, den keiner braucht und leiden kann. Keiner kümmert sich um mich. Keiner sieht mich. Alle anderen sind viel besser und mehr wert als ich", jammerte er weiter.

Betrübt sah der Himmel den kleinen Fluss an.

"Wer behauptet denn so etwas?"

Der kleine Fluss wischte sich trotzig die Tränen vom Gesicht und warf dem Himmel einen bösen Blick zu.

"Ich behaupte das. Das sehe ich doch. Nie hast du auf mich geachtet oder dich um mich gekümmert. Immer musste ich ganz alleine kämpfen. Niemand hat mir geholfen, die anderen nicht und du schon gar nicht."

Sanft lächelnd schüttelte der Himmel den Kopf.

"Ach kleiner Fluss. Glaubst du wirklich, ich habe dich im Stich gelassen?"

"Ja", antwortete der kleine Fluss bockig. "Immer und bei allem."

"Was denkst du denn, wer dir die ganzen Pflanzen, Tiere und Steine geschickt hat, kleiner Fluss?"

"Na wer wohl? Du! Genauso wie die ganzen Steigungen und Biegungen. Um es mir noch viel schwerer zu machen, ans Meer zu kommen."

"Das ist *deine* Sichtweise, kleiner Fluss", sagte der Himmel zu ihm und schenkte ihm ein warmes Lächeln. "Es ist richtig. Ich habe dir all diese Dinge geschickt, aber keineswegs um dir zu schaden oder dich davon abzuhalten, dein Ziel zu erreichen."

"Das verstehe ich nicht." Der kleine Fluss runzelte die Stirn. Das verwirrte ihn nun. "Wieso hast du mir dann all diese Dinge geschickt, wenn du mich *nicht* damit aufhalten wolltest? Komm schon, Himmel, verrat es mir, wieso du so gemein warst."

"All diese Dinge, all die Tiere, Pflanzen und Steine habe ich dir geschickt, um dir zu helfen, so schnell und so gut wie möglich an dein Ziel zu kommen."

"Lüge!", schrie der kleine Fluss empört. "Du lügst doch! *Du* hast mich aufgehalten und behindert, wenn du mir all das Schlechte geschickt hast. Das hast du eben selbst zugegeben. Wusste ich es doch. *Du* warst schuld an allem, wer denn sonst?"

"Ich wollte dir nur helfen, kleiner Fluss. Aufgehalten und behindert hast du dich ganz alleine. Lass es mich dir erklären."

"Na, da bin ich mal gespannt, Himmel, wie du auf so einen Unsinn kommst", frotzelte der kleine Fluss. "Aber schieß los, ich bin gespannt."

"Gut", sagte der Himmel. "Lass uns also am Anfang beginnen, dort wo du aus der Quelle entsprungen bist. Du warst damals nur ein kleines Rinnsal, kaum dass man dich bemerkte. Aber du warst voller Abenteuerlust und Lebensfreude. Du warst so neugierig auf alles und wurdest nicht müde, alle Wassertröpfchen aufzunehmen und mit dir zu führen, bis du ein kleines Bächlein wurdest. Endlich bemerkten dich auch die anderen. Die kleinen Tiere und Pflanzen freuten sich mit dir und über dich. Als dich auch noch die Sonne entdeckte, wie du so quirlig unter den Gräsern und Blumen verborgen dahingeplätschert bist, konnte sie nicht anders: Sie musste einfach ihre Strahlen auf deinem glasklaren Wasser tanzen lassen. Ich habe es bis hierher gehört, wie du gejubelt hast. Du warst so stolz auf dich und wolltest mehr davon. Und eines Tages begannst du, vom weiten Meer zu träumen und hast dir aus vollem Herzen gewünscht, irgendwann mit ihm zusammen zu tanzen und all die vielen Kontinente zu sehen. Immer behieltest du diesen Traum im Auge. Du hast dich angestrengt, weiter bemüht und nie aufgegeben."

"Ja", unterbrach ihn der kleine Fluss ungeduldig. "Aber das war am Anfang. Bevor du so gemein zu mir wurdest."

"Hab Geduld, kleiner Fluss. Alle Dinge beginnen am Anfang, nicht mittendrin."

"Also gut", seufzte der kleine Fluss auf. "Erzähl weiter."

"Nach all der Arbeit wurdest du allmählich breiter und stärker, bis du endlich der kleine Fluss warst, der du heute bist. Du hast dir weiterhin sehnlichst gewünscht, eines Tages ans Meer zu kommen und du warst immer noch bereit, alles dafür zu tun. Damit du noch größer und stärker wurdest, habe ich dir manche Steigungen und Biegungen eingebaut. Natürlich musstest du dich mehr anstrengen, aber du wurdest dadurch viel stärker und kräftiger. Ich weiß jederzeit ganz genau, welche Hindernisse du aus eigener Kraft in der Lage bist, zu überwinden. Deshalb habe ich dir nur solche gegeben, die für dich zu schaffen waren. Doch ich wusste, du schaffst sie und ich wusste auch, dass dich nichts mehr so leicht aus der Bahn wirft, wenn du all das überstanden hast. Nur wenn du dir deiner eigenen Kraft, Energie und Ausdauer bewusst bist und sie auch nutzt, kommst du an dein Ziel."

"Soso", brummte der kleine Fluss. "Wusste ich es doch, dass du schuld daran warst."

"Ich habe dir auch die Steine ins Flussbett gelegt. Wenn dein Wasser diese Steine überspülte, sprudelten kleine Sauerstoffblasen auf. Dadurch blieb dein Wasser immer sauber und frisch. So konnten sich auch die Tiere an Land an dir erfreuen. Und sie blieben gesund, wenn sie dein Wasser tranken. Wenn sie in dir badeten, fühlten sie sich danach pudelwohl. Sie hatten so viel Freude an dir, weshalb sie immer mehr Tieren von dir erzählten und sagten, du wärst der wunderbarste kleine Fluss weit und breit. So ein Wasser wie deines, in dem man sich sogar spiegeln kann, hätten sie noch nirgendwo gesehen. Alle waren neugierig und wollten dich besuchen, um dich zu bewundern. Die Wasserpflanzen, die ich dir geschickt habe, produzierten Sauerstoff und Nahrung für all die kleinen Lebewesen und Fische, die sich in dir tummelten. Sie dankten mir jeden Tag dafür, dass sie so ein wundervolles Leben hatten, im schönsten kleinen Fluss weit und breit. Und damit sie dir zeigen konnten, wie sehr sie dich liebten und wertschätzten, kümmerten sich alle gemeinsam darum, dass dein Wasser auch so glasklar blieb. Sie nahmen sogar die Schadstoffe auf, die unvorsichtige Lebewesen in dich eingeleitet hatten, nur damit es dir und allen anderen Tieren und Pflanzen weiterhin so gut ging wie bisher. Denn sie wussten von deinem großen Traum, ans Meer zu gelangen und sie wollten dir unbedingt helfen, weil du immer für sie da warst."

Der kleine Fluss brummte leise vor sich.

"Na ja, aber die Schwäne und die Enten -"

"Auch die Schwäne, Enten, Frösche und Insekten habe ich dir geschickt. Sie alle hielten sich gerne bei dir auf, weil sie jederzeit klares, sauberes Wasser und auch Nahrung fanden. Der Tisch war für sie immer gut gedeckt und sie fraßen dafür Algen und Schnecken, damit sie nicht zu viel wurden und dir hätten schaden können."

"Aber das Flussbett, das war gemein zu mir. Dafür gibt es

keine Entschuldigung, Himmel."

"Das Flussbett hielt dich in sich fest, damit du weiterfließen konntest. Um dir zu helfen, manche Biegungen und Steigungen leicht überwinden zu können, hat es sich manchmal etwas verengt. Dadurch stieg dein Wasser und problemlos konntest du die Hürden nehmen. In der freien Natur hielt es dich fest, um dich davor zu beschützen, dass du Wasser verlieren und versickern konntest, ohne jemals das Meer gesehen zu haben."

Der kleine Fluss war ganz still geworden und überlegte.

"Alles nur Ausreden", murmelte er dann verlegen. "Und was war mit der Sonne?"

"Die Sonne erzählte mir oft von dem kleinen Fluss, der so klar war und sich so idyllisch in die Natur einfügte. Wenn sie dich von oben sah und all die kleinen Lebewesen um dich herum, die sich so glücklich wie im Paradies fühlten, konnte sie vor lauter Freude nicht anders und ließ ihre Strahlen auf dir tanzen. Die Wasserpflanzen und Fische freuten sich darüber, denn dadurch bekam dein Wasser eine angenehme Temperatur. Du siehst, kleiner Fluss, ich habe mein Bestes getan, damit du deinen Herzenswunsch erreichen konntest und dass alle um dich herum auch ein schönes Leben führen konnten, so wie sie es sich wünschten."

Nun war der kleine Fluss ganz nachdenklich geworden.

"Das klingt ja alles ganz gut, Himmel. So habe ich das vorher nicht gesehen. Aber warum wurde plötzlich alles ganz anders? Wieso ließen mich die Tiere und Pflanzen im Stich? Wieso wurde mein Wasser so trüb und schwarz? Und wieso versteckt sich nun sogar die Sonne vor mir? Sag mir doch, Himmel, wenn *du* sie nicht vertrieben hast, wer war es dann?"

"Kannst du es dir nicht denken?", fragte der Himmel lächelnd.

"Nein", murmelte der kleine Fluss traurig.

"Wer all die Tiere und Pflanzen vertrieben hat, waren deine ständigen Begleiter, die Angst und ihre Geschwister. Du fingst an, nicht mehr das Schöne zu sehen, sondern hast nur noch auf die Angst gehört. Sie sagte dir, die Tiere und Pflanzen werden dir dein ganzes Wasser wegnehmen, die Sonne wird dich völlig austrocknen, die Steine wollen dich bremsen und das Flussbett hält dich gefangen."

"Wo kam denn die Angst mit ihren Geschwistern her? Wer sind die überhaupt und was wollten die von mir?"

"Die Angst und ihre Geschwister waren früher schon immer bei dir, genauso wie das Vertrauen. Doch auf das hörtest du auf einmal nicht mehr, sondern nur noch auf die Angst. Weil sie aber so furchtbar ängstlich ist, ist sie nie alleine unterwegs, sondern nur immer mit ihren Geschwistern. Diese reden auch ständig mit dir und allen anderen. Manchmal reden sie sogar alle auf einmal und dann werdet ihr total verwirrt von dem ganzen Geschnattere. Du hattest immer sehr viel Vertrauen, auch in dich selbst, sodass du die Angstfamilie weder gesehen noch gehört hast und du hast immer auf dein Herz gehört. Dann hat dich eine Biegung leider ziemlich angestrengt. Ich habe es selbst gesehen und war so stolz auf dich, wie stark du warst. Sie war so wichtig für dich, weil ich weiß, dass das letzte Stück vor dem Meer durch ziemlich bergiges Gelände geht. Mit dieser schwierigen Biegung hast du dir so viel Kraft antrainiert, dass du dieses letzte Stück spielend schaffst. Als du aber so erschöpft dalagst und dich ausruhen musstest, kam die Angst mit ihren Geschwistern angeschlichen. Zum ersten Mal hörtest du sie laut und deutlich und du sahst sie auch alle. Ihnen war fürchterlich langweilig, weil sie bisher bei dir nie was zu tun bekamen. Jetzt stürzten sie sich voller Elan auf dich. Sie redeten dir so lange all die Dinge ein, bis du sie selbst geglaubt hast."

Der kleine Fluss jaulte ganz empört auf.

"Pah! Die sind also schuld? Wie gemein ist das denn?"

"Nicht doch, kleiner Fluss. Etwas Falsches haben sie nicht getan. Es ist ihre Aufgabe und nichts anderes haben sie gemacht."

"Nichts Falsches? Du willst doch nicht behaupten, dass es gut und richtig ist, anderen lauter schlechte Dinge einzureden?

Nein, das ist gemein und hinterhältig. Ich hasse die Angst und ihre Geschwister!"

"Sag so etwas nicht, kleiner Fluss. Du darfst sie doch nicht dafür hassen, dass sie nur ihre Pflicht getan haben."

"Wenn sie aber doch so gemein sind!", grantelte der kleine Fluss. Plötzlich sah er den Himmel argwöhnisch an. "Oder steckst du etwa dahinter? Sag bloß, *du* hast sie mir am Ende geschickt."

Der Himmel lachte leise auf.

"Ja, kleiner Fluss, ich gebe es zu. Ich habe sie dir geschickt, aber nicht nur dir, sondern allen und jedem als ständige Begleiter. Sie sprechen immer zu euch, so wie sie auch immer zu dir gesprochen haben. Das ist gut so, denn die Angst ist es, die euch manchmal vor Gefahren schützt. Sie ist immer sehr besorgt und ängstlich und möchte nie ein Risiko eingehen oder etwas verändern. Ihre Schwester, die Gewohnheit, beruhigt sie immer wieder. Die sagt ihr: *Was wir kennen, ist gut. Auch wenn es nicht gut ist, wir kennen es und vermeiden dadurch Überraschungen. Diese bringen uns nur aus dem Takt und der Gewohnheit.* Ihre andere Schwester, die Erinnerung, sagt ihr, dass so etwas schon mal passiert ist, bei dir oder jemand anderen. Sie kann sich nämlich sehr gut daran erinnern und auch daran, was danach alles passiert ist. Sie kann sich auch an das erinnern, was andere sagen und erzählen. All das sagt sie dir dann immer wieder vor, damit auch du dich daran erinnern kannst. Selbst das ist manchmal gut, damit du nicht immer wieder von Neuem nachdenken musst und häufig wissen andere Dinge, die du noch nicht weißt.

Die zwei großen Brüder der Angst, Zweifel und Negativer Gedanke, sind auch immer bei dir. Sie wissen alles, was ihnen ihre Schwestern Angst, Gewohnheit und Erinnerung ständig mitteilen. Ganz unter uns, kleiner Fluss, die beiden Schlingel machen mir meine Arbeit am schwersten. Zuhören wollen die beiden gar nicht, die hören sich am liebsten immer selbst reden. Wenn sie einmal damit anfangen, sind sie nur noch schwer einzubremsen. Ununterbrochen kreisen sie in dir und wiederholen wie ein Papagei ständig die Worte ihrer Schwestern. Manchmal sind sie aber nützlich, weil sie dich eigentlich vor Schlechtem, das dir schaden könnte, beschützen möchten, aber die beiden übertreiben immer so schamlos. Obendrein sind sie der Meinung, dass nur sie recht haben, sonst niemand." Der Himmel seufzte auf, lächelte aber dabei. "Da hilft manchmal nur, gar nicht hinzuhören, wenn die beiden am Plappern sind."

Der kleine Fluss dachte ganz angestrengt nach.

"Lieber Himmel! Das verstehe ich einfach nicht. Wenn die Angst und ihre Geschwister gar nicht immer schlecht sind, wieso kann ich dann nicht mehr fließen?"

"Nicht böse sein, kleiner Fluss, aber schon alleine mit deinem ständigen Selbstmitleid und den laufenden Schuldzuweisungen an andere hast du dich bereits ziemlich eingebremst. Obendrein hast du nur noch auf die Angst und ihre Geschwister gehört und dich ganz von ihnen beeinflussen und beherrschen lassen. Du hörst gar nicht mehr auf dich und deine Herzenswünsche. Du sagst nur noch das, was *sie* sagen, du glaubst nur noch das, was *sie* sagen und du tust nur noch das, was *sie* dir sagen. Du vertraust dir selbst nicht mehr, sondern verschließt komplett die Augen vor all den Dingen, die du trotz der Angst und ihrer Geschwister schon geschafft hast. Du hast vergessen, dass die Angst und ihre Geschwister genauso wie du immer nur *das* sehen, was sie sehen wollen und *wie* sie es sehen wollen. Sie können sich gegenseitig wahnsinnig hochpuschen. Jeder von ihnen will den anderen übertrumpfen und besser sein, wie es bei vielen Geschwistern leider üblich ist. Manchmal übertreiben sie dabei und manchmal lügen sie leider auch. Aber so sind sie eben. Man darf ihnen nicht böse sein, sie haben auch ihre guten Seiten."

"Pah!", stieß der kleine Fluss hervor. "Was haben diese Gauner denn schon für gute Seiten?"

"Du hattest so große Angst vor dieser einen Biegung,

stimmt's? Was hast du getan? Du hast fest nachgedacht, dir überlegt, wie du sie trotzdem schaffen kannst, hast alle Möglichkeiten bedacht, alle Gefahren, die auf dich lauern könnten und du warst vorsichtig. Du hast all deinen Mut und deine Kraft zusammengenommen und die Biegung geschafft. Hättest du *keine* Angst gehabt, wärst du vielleicht ein unnötiges Risiko eingegangen. Es hätte für dich gefährlich werden können. Weil du aber Angst hattest, hast du vorausgedacht und gut geplant. Danach, als du wieder ganz leicht über die Steine hinweg in deinem Flussbett geflossen bist und die Sonnenstrahlen auf dir getanzt haben, hast du dich erinnert, wie mutig du warst. Du warst stolz auf dich. Jeden Tag kamen die Tiere zum Trinken an dein Ufer, so wie du es gewöhnt warst. Sag mir, kleiner Fluss, war das nicht schön?"

"Doch", flüsterte der kleine Fluss. In seinem Hals spürte er schon wieder einen dicken Kloß feststecken. "Das war sehr schön. Und das war gut."

"Siehst du", sagte der Himmel. "Nicht immer sind die Angst und ihre Geschwister schlecht für dich. Das geht auch gar nicht. Alles hat grundsätzlich zwei Seiten. Ohne eine Seite gibt es auch keine andere. Sonst wäre etwas aus dem Gleichgewicht. Es kommt nur darauf an, dass du auch wirklich *beide* Seiten ansiehst, nicht nur eine."

Der kleine Fluss wurde ganz still und grübelte eine Weile.

"Du meinst also, wenn es an einer Sache etwas Schlechtes gibt, gibt es auch etwas Gutes daran?"

"Stimmt genau, kleiner Fluss. Es gibt nämlich nichts Schlechtes, das *nur* schlecht ist. Genauso wenig, wie es etwas Gutes gibt, das *nur* gut ist. Es hat immer beides. Es muss beides geben, sonst erkennt man ja nicht, ob es gut oder schlecht ist."

"Wieso?"

"Wenn es dir immer nur gut geht, ist es für dich ganz normal, aber nichts Besonderes mehr. Dadurch vergisst du, dass es gut ist. Erst wenn es dir schlecht geht, weißt du, dass es dir vorher gut gegangen ist. Und umgekehrt genauso." Der Himmel

14

zwinkerte dem kleinen Fluss zu. "Weißt du, da redet dann wieder die Gewohnheit mit."

"Ach so, richtig", schmunzelte der kleine Fluss, bevor er wieder ernst wurde. "Lieber Himmel! Ist das kompliziert mit der Angst und ihren Geschwistern. Weißt du was? Wenn die mich das nächste Mal wieder besuchen kommen, werde ich mich ganz fürchterlich gegen sie auflehnen und ihnen sagen, sie sollen mich in Ruhe lassen."

"Nein, kleiner Fluss, das ist keine gute Idee. Ganz unter uns gesagt, die Erinnerung ist von gestern und für neue Dinge nicht wirklich aufgeschlossen. Die Gewohnheit lässt sich davon gar nicht beeindrucken. Was sie ein oder zweimal gemacht hat, macht sie wieder. Und der Angst, der schlottern dann so die Knie, dass sie vor lauter Angst noch viel lauter schreit. Damit weckt sie dann ihre großen Brüder, die natürlich sofort dazu kommen und sich auch noch einmischen müssen."

"Aber was tue ich dann? Wie werde ich diese ganze Bande los?"

"Los wirst du sie niemals ganz. Sie sind grundsätzlich deine Begleiter, egal wohin du gehst", sagte der Himmel, sah kurz nach links und rechts, beugte sich etwas weiter hinab zum kleinen Fluss und flüsterte ihm dann ins Ohr: "Aber du kannst sie ein bisschen austricksen. Soll ich dir verraten, wie?"

Schnell nickte der kleine Fluss.

"Unbedingt, Himmel. Wenn es für dieses Mal vielleicht auch schon zu spät ist, aber fürs nächste Mal."

"Es ist niemals zu spät, kleiner Fluss. Auch jetzt nicht. Doch komm näher und hör mir zu. Anstatt dich gegen die Angst und ihre Geschwister aufzulehnen oder sie davonjagen zu wollen, lade sie zu dir ein. Sag ihnen, sie sollen dich Sonntagnachmittag auf eine Tasse Tee besuchen. Dann dürfen sie dir alles erzählen, was sie wollen."

Der kleine Fluss stutzte, dann lachte er auf. Lustig klang sein Lachen aber nicht.

"Entschuldige Himmel, aber bist du jetzt verrückt

geworden? Ich soll die ganze Gaunerbande freiwillig einladen, sie bewirten und ihnen zuhören? Soll ich sie am Ende auch noch umarmen und ihnen ein Küsschen geben?"

"Wenn du möchtest, gerne", schmunzelte der Himmel. "Schlecht ist die Idee gar nicht. Im Gegenteil, sie ist grandios. Je mehr du dich nämlich gegen sie auflehnst, umso lauter fangen sie an zu schreien. Du weißt doch: Wie du in den Wald rufst, so schallt es zurück."

"Mag vielleicht sonst der Fall sein, aber bei denen funktioniert das nicht. Ich habe ihnen zugehört, und was tun sie? Sie halten mich vom Fließen ab", murrte der kleine Fluss.

"Ja, aber nicht, weil du ihnen *zugehört* hast, sondern weil du *auf sie* gehört hast. Das ist der Unterschied."

"Das ist mir zu hoch, Himmel. Ich verstehe das absolut nicht."

"Du darfst ihnen jederzeit zuhören, kleiner Fluss. Manchmal haben sie dir ein paar wichtige Informationen, die du vielleicht sonst nicht berücksichtigt hättest. Du solltest ihnen auch zuhören. Aber nicht nur ihnen, sondern vor allem auch deinem Herzen. Wenn dein Herz dir sagt, das, was du tun willst, ist richtig, dann *ist* es richtig. Dein Herz belügt dich nie, die Angst und ihre Geschwister leider schon. Das kann nicht mal *ich* ihnen austreiben. Hör ihnen einfach zu und sag ihnen, dass du darüber nachdenken wirst, aber alleine, ohne sie. Sie haben dir alles mitgeteilt, was sie dir mitteilen wollten und damit haben sie ihre Arbeit getan. Du bist ihnen dankbar, dass sie so gut auf dich aufpassen und dich beschützen wollen. Den Rest erledigst du nun alleine."

"Bedanken soll ich mich auch noch?", schnaubte der kleine Fluss empört. "Dafür, dass sie mir Angst machen und mich aufhalten wollen?"

"Nein, kleiner Fluss. Ich sagte doch, du bedankst dich bei ihnen dafür, dass sie dich beschützen wollen. Es ist doch nur gut gemeint von ihnen. Sie sind einfach so, du kannst sie nicht ändern. Aber niemand *zwingt* dich, auch das zu tun, was sie dir sagen. Du entscheidest *ganz alleine* darüber, was du tun willst und was nicht. Schimpfe sie nicht, schiebe sie nicht weg, ignorier sie nicht, sondern hör ihnen ganz ruhig zu. Danach frag dein Herz, was es dazu meint und dann triff deine eigene Entscheidung, und zwar aus vollem Herzen."

"Dann fangen sie doch wieder an, zu schreien."

"Erst später. Zuerst einmal sind sie ganz stolz darauf, dass sie dir helfen konnten, und feiern miteinander. Bis ihnen auffällt, dass du vielleicht nicht das tust, was sie dir geraten haben, bist du schon mittendrin."

"Und sie fangen erst recht an, zu schreien."

"Lass sie doch. Trink wieder eine Tasse Tee mit ihnen, hör ihnen wieder zu und mach es genauso wie beim letzten Mal."

"Soll das dann ewig so weitergehen? Dann werde ich ja nie fertig mit dem, was ich tun will, vor lauter Tee trinken."

"Oh doch, kleiner Fluss", sagte der Himmel beschwichtigend. "Mit der Zeit sogar viel schneller. Wenn die Angst und ihre Geschwister nämlich feststellen, dass du ihnen wirklich zuhörst und dir Gedanken darüber machst, müssen sie doch gar nicht mehr so lange und laut schreien, so wie vorher. Sie kommen ganz ruhig auf dich zu."

"Und? Sie reden ja dann trotzdem auf mich ein."

"Natürlich tun sie das. Aber sie merken mit der Zeit, dass du ihre Ratschläge auch berücksichtigst und wohlüberlegt handelst. Sie sehen dann, dass sie oftmals völlig falsch lagen mit dem, was sie dir rieten. Je öfter das der Fall ist, umso leiser werden sie. Das ist ihnen nämlich furchtbar peinlich. Je ruhiger die Angstfamilie wird, umso besser verstehst du das, was dir dein Herz zuflüstert. Auf diese Weise kommst du mit der Zeit viel schneller vorwärts."

Der kleine Fluss schnipste mit den Fingern und kicherte.

"Das ist ein guter Trick, Himmel. Den werde ich mir merken. Jetzt habe ich auch keine Angst mehr vor der Angst und ihren Geschwistern."

"Siehst du, kleiner Fluss? Ich sagte dir doch, alles hat zwei

Seiten. Es kommt nur darauf an, von welcher Seite aus man etwas betrachtet."

"Stimmt, bisher habe ich nie gesehen, dass die Angst und ihre Geschwister mir auch nützlich sein können und ich eigentlich gar keine Angst vor ihnen haben muss. Du hast mir heute wirklich geholfen, lieber Himmel."

"Das freut mich, kleiner Fluss. Wenn du wieder Hilfe brauchst, dann frag mich einfach und rede mit mir. Ich bin immer für dich da, egal wann."

"Werde ich mir merken, ganz bestimmt."

Der kleine Fluss wollte dem Himmel noch mit einer kleinen, lustigen Welle zur Verabschiedung zuwinken, aber nichts passierte. Ganz verwundert sah er auf sich herunter und stellte fest, dass sein Wasser immer noch schwarz und sumpfig war. Plötzlich fiel ihm ein, was er vergessen hatte, zu fragen.

"Hallo Himmel, ich bin's noch mal. Bist du noch da?"

"Ich bin immer da, kleiner Fluss, und ich höre dich. Was kann ich für dich tun?"

"Kannst du mich bitte wieder fließen lassen?"

"Dazu brauchst du mich nicht. Das kannst du ganz alleine."

"Nein, kann ich nicht. Ich kann nicht mal mit einer kleinen Welle winken. Wie soll ich da fließen können? Das schaffe ich niemals."

"Kleiner Fluss, hast du gerade Besuch?", fragte der Himmel mit einem Augenzwinkern.

"Besuch? Welchen Besuch?"

"Sind die beiden großen Brüder der Angst bei dir?"

"Oh!", rief der kleine Fluss beunruhigt aus. "Du meinst Zweifel und Negativer Gedanke?"

"Ganz genau die meine ich. Unterhaltet ihr euch gerade?"

Der kleine Fluss lauschte einen Moment angestrengt in sich hinein.

"Unterhaltung ist das nicht wirklich", sagte er dann. "Die beiden plärren lautstark herum. Was soll ich jetzt tun, Himmel?"

18

"Erinnerst du dich an den kleinen Trick, den ich dir vorhin verraten habe? Probiere ihn doch gleich einmal aus."

Der kleine Fluss tauchte unter. Es dauerte eine ganze Weile, dann kam er prustend wieder hoch.

"Hallo Himmel, da bin ich wieder. Wir sind fertig mit Teetrinken."

"Was haben die beiden dir denn erzählt?"

"Dass ich nie mehr fließen kann. Es hilft alles nichts, egal was ich tue. Das wird nie mehr funktionieren und ich werde niemals ans Meer kommen. In mir gibt es keine Wasserpflanzen und Fische mehr, kein Tier will mehr an mein Ufer kommen und die Sonne will mich auch nicht mehr sehen. Ich bin nicht mal mehr ein Fluss, sondern nur noch ein kleiner, stinkender Sumpf, den niemand will und braucht. Ich habe keinen Wert mehr", schniefte der kleine Fluss.

"Glaubst du das auch?"

"Schau mich doch mal an, wie ich aussehe. Die beiden haben recht."

"Haben sie das, du kleiner Sumpf?"

"Ich bin kein Sumpf!", jaulte der kleine Fluss auf.

"Wenn du kein Sumpf bist, was bist du dann?"

"Ich bin… Ich bin ein kleiner Fluss, der nicht fließt."

"So etwas gibt es doch gar nicht." Der Himmel schüttelte den Kopf. "Einen Fluss, der nicht fließt, gibt es genauso wenig wie einen Sumpf, der nicht sumpfig ist."

Der kleine Fluss erschrak fürchterlich und wurde kreidebleich im Gesicht.

"Soll das heißen, es gibt mich gar nicht? Aber ich bin doch hier, Himmel! Siehst du mich denn nicht?"

"Doch, ich sehe dich und ich höre dich, aber du kannst nicht der kleine Fluss sein, den ich kenne."

"Das bin ich aber, Himmel. Ich bin immer noch der kleine Fluss."

"Hm. Aber die großen Brüder der Angst sagten doch, du wärst nur ein kleiner, stinkender Sumpf. Und *du* sagtest, sie haben recht. Also kannst du nicht der kleine Fluss sein, oder?"

Der kleine Fluss wurde ganz still und begann, angestrengt nachzudenken.

"Weißt du was, Himmel?", fragte er plötzlich. "Ich glaube, wir haben alle recht. Die Brüder und ich auch."

"Wie meinst du das?'"

"Es kommt darauf an, von welcher Seite aus man etwas sehen will, sagtest du. Die Brüder sehen mich als Sumpf. Ich sehe mich als kleinen Fluss. Also haben wir beide recht."

"Das ist richtig, ihr habt beide recht. Aber was ändert das für dich?"

"Das weiß ich noch nicht. Ich ärgere mich zwar nicht mehr über die Brüder, weil sie mich für einen stinkenden Sumpf halten. So sehen nur sie mich. Aber ich fließe trotzdem nicht."

"Was willst du nun tun?"

"Ich weiß es doch nicht, Himmel. Die Brüder sagten, ich solle mich einfach damit abfinden, dass ich nicht mehr fließe. Das werde ich nämlich nie mehr."

"Willst du das denn, dich damit abfinden?"

"Nein", flüsterte der kleine Fluss traurig. "Aber mir bleibt nichts anderes übrig."

"Jedes Ding hat zwei Seiten", sagte der Himmel.

Der kleine Fluss horchte auf.

"Willst du mir damit sagen, dass es noch eine andere Seite gibt?", fragte er zögernd.

"Eine Seite ist das Aufgeben. Was ist die andere?"

"Hm… Nicht aufgeben? Weitermachen?"

"Ganz genau. Du kannst es aus Sicht der Brüder sehen oder aus deiner eigenen Sicht. Wenn du ein Sumpf bleibst, haben *sie* recht. Wenn du ein Fluss bleibst, hast *du* recht."

"Lieber Himmel! Was soll das wieder heißen?"

"Überleg doch mal. Wer bist du? Bist du die Brüder oder bist du der kleine Fluss?"

"Ich bin doch nicht die Brüder, ich bin der kleine Fluss. Was für eine Frage!"

20

"Eine wichtige Frage. Denn wenn du weißt, dass du der kleine Fluss bist und niemand sonst, dann weißt du auch, was du tun willst: Der kleine Fluss will fließen. Wenn du dir ganz sicher bist, dass du ein kleiner Fluss bist, dann können alle anderen von dir glauben, was sie wollen. Das muss dich doch gar nicht interessieren."

Der kleine Fluss grübelte. Irgendwas war dran an dem, was der Himmel da sagte.

"Du meinst also, ich soll nicht auf die anderen hören?"

"Was willst du sein? Das, was sie sagen oder das, was du sagst?"

"Das, was ich sage. Ich will der kleine Fluss sein."

"Und warum tust du das nicht einfach?"

"Weil…"

Ja, warum eigentlich nicht, fragte er sich selbst. Er wollte doch so gerne wieder fließen. Nur so würde er eines Tages ans Meer kommen und sich seinen allergrößten Herzenswunsch erfüllen können.

"Weil ich nicht kann."

"Weil *sie* sagen, du kannst es nicht. Stimmt's?"

"Stimmt", gab der kleine Fluss kleinlaut zu. Äußerst ungern zwar, aber es stimmte tatsächlich. Er glaubte der Angst und ihren Geschwistern mehr als sich selbst.

"Und warum kannst du es nicht?"

"Weil ich nur auf sie höre und nicht auf mich."

"Warum hörst du nicht auf dich?"

"Weil sie so laut schreien."

"Und weil du dich deshalb von ihnen ablenken lässt. Ob es nun die beiden Brüder oder die Schwestern sind oder ganz andere, ist egal. Alle anderen schreien immer ganz laut, dein Herz spricht ganz leise mit dir. Es muss auch nicht schreien, weil es ganz nah bei dir ist. Wenn du dich zu sehr mit den anderen abgibst, überhörst du dein Herz. Darum ist es wichtig, dass du immer wieder mal für dich alleine bist, ohne die anderen, ohne Ablenkung. Unterhalte dich nur mit dir selbst und hör deinem

Herzen zu. Dann verstehst du es auch und du wirst wissen, was du aus ganzem Herzen willst. Wenn du immer nur auf die anderen hörst, weißt du nur, was *sie* wollen. Manchmal lässt du dich dazu überreden, das ebenfalls zu wollen, weil sie dir jede Menge Gründe nennen, warum das das Beste wäre. In dem Fall wird es sich für dich aber nicht angenehm anfühlen. Das, was dein Herz sich wünscht, brennt wie ein Feuer in deiner Brust, das nichts und niemand löschen kann und es geht dir sehr gut dabei. Alles andere, all das, was du nur willst, weil es die anderen wollen oder haben, ist nur ein fixer Gedanke in deinem Kopf, der sich dort wie ein Karussell immer wieder und wieder dreht. Wenn du es erreicht hast, wirst du vielleicht jubeln, aber in deinem Herzen wird es sich leer anfühlen, weil dort kein Feuer brennt. Und schon bald wirst du etwas Neues haben wollen, weil das andere dir keine Freude mehr macht. Wenn du etwas erreichst, was dein Herz sich sehnlichst wünscht, wirst du vor Freude fast bersten, dein Herz wird wie ein Feuerball glühen und auf und ab hüpfen. Du wirst jede Sekunde genießen, wenn du das, was du erreicht hast, betrachtest. Auch wenn du es tausend Mal angesehen hast, fühlt es sich wie beim ersten Mal an. Jetzt, kleiner Fluss, unterhalte dich einmal nur mit deinem Herzen und dann reden wir weiter."

Der kleine Fluss zog sich tief in sein Flussbett zurück. Es dauerte ziemlich lange, bis er wieder auftauchte.

"Da bist du ja wieder, kleiner Fluss. Ich habe auf dich gewartet", sagte der Himmel mit einem warmen Lächeln.

"Ach weißt du, das war gar nicht so einfach, Himmel. Das Herz hat wirklich ganz leise gesprochen, fast geflüstert. Zuerst habe ich es gar nicht gehört, weil die beiden Radaubrüder, Zweifel und Negativer Gedanke, einen furchtbaren Tumult gemacht haben. Aber ich habe versucht, nicht auf sie zu achten und nach einer Weile hörte ich es plötzlich. Ich habe mein Herz tatsächlich sprechen hören!", sagte der kleine Fluss ganz andächtig.

"Und was hat es dir gesagt?"

"Dass es an Meer will, unbedingt, weil ich mir nichts sehnlicher als das wünsche. Und es hat gesagt, dass wir das auch schaffen. Wir müssen nur zusammenarbeiten und ich soll mich bloß nicht von meinem Traum abbringen lassen."

"Was hast du geantwortet, kleiner Fluss?"

"Dass ich nicht weiß, wie das gehen soll. Ich kann ja nicht mal mehr fließen. Dann sagte es zu mir, ich bräuchte ihm nur vertrauen. Es würde mir genau sagen, was ich zu tun habe. Solange ich mich nur auf meinen Traum konzentriere und nicht mehr auf die anderen, wird mich nichts davon abhalten können. Denn meine Liebe zum Meer wäre größer als alles andere, nichts kann sie besiegen. Deshalb werde ich eines Tages dorthin kommen."

Der Himmel lächelte auf den kleinen Fluss herab.

"Was willst du jetzt tun?"

"Ich werde die Angst und die anderen zum Tee einladen und während wir uns unterhalten, überlegt mein Herz, was wir danach tun können."

"Das ist eine hervorragende Idee. Wenn du mich später brauchst, dann rufe mich einfach."

Wieder zog sich der kleine Fluss ganz tief in sein Flussbett zurück. Lange unterhielt er sich mit seinem Herzen, Stunden um Stunden. Alles, was sein Herz ihm sagte, fühlte sich gut und richtig an. Aber sobald er die Augen aufmachte und auf sich herabsah, schüttelte er den Kopf.

"Nein Herz, das stimmt alles nicht, was du sagst. Schau mich doch mal an, wie ich aussehe. Und schau die anderen an, was sie tun. Du meinst es sicher nur gut und willst mich trösten, aber all das, was du mir sagst, ist nur ein schöner Traum, eine Illusion. Die Realität aber sieht ganz anders aus. An der kannst nicht einmal du irgendetwas ändern."

"Das stimmt", antwortete das Herz. "Nicht *ich* kann es ändern, sondern du. Ich kann dir nur dabei helfen."

"Und wie?"

"Indem ich dir sage, was du tun kannst."

"Aber ihr redet doch alle gleichzeitig auf mich ein. Wie soll ich da wissen, wer gerade mit mir spricht, ob du es bist, mein Verstand oder die Angst und ihre Geschwister?"

"Hör einfach genau hin, dann weißt du es."

"Gar nicht wahr. Ich habe hingehört und gemacht, was die Stimme mir sagte und nun? Nun kann ich nicht mehr fließen."

"Weil du nicht auf mich, sondern die Angst gehört hast. Nur darum fließt du nicht mehr."

"Aber woher weiß ich, dass es nicht *deine* Stimme ist? Du sagst, wenn es sich richtig anfühlt, dann sprichst *du* mit mir und nicht die Angst. Das stimmt aber nicht. Das, was sie mir gesagt hat, hat sich sehr wohl richtig angefühlt. Und trotzdem war es falsch."

"Denk noch mal zurück, kleiner Fluss. Wie hat es sich *wirklich* angefühlt?"

Der kleine Fluss überlegte und zuckte dann mit den Schultern.

"Ich weiß nicht genau. Die Stimme sagte, die anderen wollen mir nur schaden. Ich habe die anderen angeschaut, habe entdeckt, dass sie mir wirklich schaden wollen und darum erkannte ich auf einmal, die Stimme hat recht. Also war es richtig."

"Womit hast du es erkannt?"

"So eine dumme Frage. Was soll das denn heißen? Ich habe es erkannt, weil ich es gesehen habe."

"Womit hast du es gesehen?"

"Sag mal Herz, willst du mich auf den Arm nehmen? Natürlich mit meinen Augen, womit denn sonst? Es war doch logisch, dass sie mir schaden wollen, so wie sie sich benommen haben. Ich bin doch nicht doof!"

"Und wie hast du dich dabei gefühlt, als du das gesehen

24

hast?"

"Na wie wohl? Ich wusste einfach, es stimmt."

"Das meine ich nicht. Ich wollte wissen, wie du dich *gefühlt* hast in diesem Moment."

"Ich verstehe nicht, was du meinst, Herz. Du sprichst in Rätseln."

"Dann will ich es dir erklären, kleiner Fluss. Ich spreche von Gefühlen. Wenn du etwas fühlst, dann tust du das mit deinem Herzen und deinem Körper. Oder nicht?"

"Hm." Der kleine Fluss begann zu grübeln. "So gesehen hast du schon recht."

"Dann sag mir: Wie hat es sich wirklich angefühlt für dich?", hakte das Herz nach.

"Das weiß ich nicht mehr."

"Hat es sich anders angefühlt als jetzt?"

"Auch das weiß ich nicht mehr."

"Ich bin mir sicher, du weißt es noch. Aber machen wir es anders, damit du dich daran erinnerst. Denkst du jetzt immer noch, dass die anderen dir schaden wollen?"

"Ja… Das heißt, ich bin eher verwirrt. Der Himmel hat mir nämlich das Gegenteil erzählt. Auch das, was er mir gesagt hat, klingt richtig."

"Das glaube ich dir und das ist es auch. Er lügt nicht. Er sieht von da oben aus viel mehr als du und er weiß alles. Er hat dir auch gesagt, dass alles zwei Seiten hat, stimmt's?"

"Ja, eben. Aber woher soll ich wissen, welche Seite richtig ist?"

"Damit du das herausfindest, noch einmal zurück zur Frage, wie es sich anfühlt. Die Angst und ihre Geschwister sagten dir, die anderen wollen dir nur schaden und du kannst nichts dagegen tun. Was fühlst du in dir, wenn du das hörst? Wie fühlst du dich dabei?"

"Weiß ich nicht. Es fühlt sich richtig an."

"*Richtig* ist kein Gefühl, kleiner Fluss. Ein Gefühl ist so etwas wie Freude, Liebe, Traurigkeit, Einsamkeit und so weiter. Also, wie fühlst du dich? Spür in dich hinein."

Der kleine Fluss tat, worum ihn sein Herz bat.

"Ich fühle mich traurig und hilflos und enttäuscht."

"Siehst du? *Das* sind Gefühle, kleiner Fluss. Noch eine Frage. Ist es richtig, dass ein Fluss fließt?"

"Ja aber klar! Was soll ein Fluss denn sonst tun? Natürlich ist das richtig!"

"Spür jetzt auch wieder in dich hinein. Es ist richtig, dass ein Fluss fließt. Wie fühlst du dich dabei?"

"Keine Ahnung. Es ist eben richtig."

"Das hatten wir gerade, richtig ist kein Gefühl", tadelte das Herz mit einem Augenzwinkern. "Um es dir leichter zu machen, bist du traurig darüber?"

"Traurig worüber? Dass es richtig ist, dass ein Fluss fließt?"
Das Herz nickte zustimmend.

"Nein, wieso denn? Wenn es richtig ist, und das ist es, fühlt es sich für mich gut an. Traurig bin ich dabei nicht."

"Wärst du traurig, wenn du jetzt gleich mit dem Meer in den Wellen tanzen würdest?"

"Niemals, im Gegenteil!"

"Also fühlt sich das auch gut an für dich und ist richtig?"

"Gut fühlt es sich schon an. Nur richtig ist das nicht, sondern falsch, weil ich nie mit dem Meer in den Wellen tanzen werde."

"Lieber, kleiner Fluss, weißt du, was du eben tust? Du widersprichst dir gerade selbst. Merkst du das?"

"Nein... Wieso?", fragte der kleine Fluss argwöhnisch.

"Vorhin sagtest du, es ist richtig, was die Angst dir erzählt. Weil es richtig ist, fühlst du dich traurig, hilflos und enttäuscht. Du sagst auch, es ist richtig, dass ein Fluss fließt. Und weil es richtig ist, fühlst du dich gut. Gerade eben sagtest du, es fühlt sich gut an, mit dem Meer zu tanzen, aber es ist falsch. Was denn nun?"

"Äh... Ja, das sagte ich alles. Nur verstehe ich nicht, worauf du hinaus willst, Herz."

"Ganz einfach. Einmal fühlst du dich schlecht, wenn etwas

26

richtig ist und einmal fühlst du dich dabei gut. Obendrein fühlst du dich gut und trotzdem ist es falsch. Wonach entscheidest du eigentlich, ob es richtig ist oder nicht? Du widersprichst dir selbst."

Der kleine Fluss kratzte sich am Kopf und verdrehte die Augen.

"Vielen Dank, Herz, das hast du super gemacht", spöttelte er. "Jetzt verstehe ich überhaupt nichts mehr. Wieso musst du immer alles so kompliziert machen? Wenn man dir zuhört, wird man nur total verwirrt."

Das Herz zwinkerte ihm zu.

"Nicht *ich* mache alles kompliziert, sondern diese komische Logik. Ich weiß, was richtig und was falsch ist. Richtig ist das, was dich glücklich macht. Falsch ist das, was dich unglücklich macht. Aber du lässt immer andere entscheiden, was für dich richtig oder falsch sein soll. Du hörst nämlich nicht auf dich selbst."

"Gar nicht wahr!"

"Nein? Dann erklär es mir bitte, kleiner Fluss. Wann ist für dich etwas richtig? Wenn es sich für dich gut anfühlt oder nicht?"

"Ja… Das heißt, eigentlich schon. Meistens jedenfalls", antwortete er kleinlaut.

"Meistens?"

"Na ja, manchmal fühlt sich das Richtige eben nicht gut an. Und manchmal fühlt es sich gut an, weil ich weiß, dass es falsch ist."

"Aha", machte das Herz und schwieg.

Der kleine Fluss wartete ein paar Minuten, doch das Herz sprach nicht weiter.

"Wieso redest du nicht mehr mit mir, Herz? Bist du sauer oder was?"

"Nein, du lieber, kleiner Fluss, absolut nicht. Ich wollte dir nur Zeit geben, über das nachzudenken, was du eben Komisches von dir gegeben hast."

"Wieso komisch? So ist es doch… Oder etwa nicht?"

Das Herz grinste von einem Ohr zum anderen und schüttelte dabei wortlos den Kopf.

"Was denn?", schnaubte der kleine Fluss. "Was gibt's denn da zu grinsen?"

"Entschuldige, ich kann nicht anders. Du behauptest nämlich, ich mache alles so kompliziert. Hast du dir eben selbst zugehört, kleiner Fluss?"

"Ach du bist doof! Das stimmt doch, was ich sage", maulte er und verschränkt trotzig die Arme vor der Brust.

"Na dann… Dann weißt du ja, was du zu tun hast", antwortete das Herz und bemühte sich um eine todernste Miene. "Finde dich einfach damit ab, dass du nie mehr fließen kannst und niemals ans Meer kommst. Aber das macht ja nichts, denn es ist richtig für dich und es fühlt sich gut an. Also viel Spaß dabei!"

Dem kleinen Fluss klappte die Kinnlade herunter. Fassungslos starrte er auf das Herz.

"Was ist los?", fragte das Herz gelassen. "Du kuckst so irritiert."

"Also das ist doch…", stotterte der kleine Fluss. "Du bist so gemein! Wie kannst du nur so was zu mir sagen. Du weißt doch ganz genau, dass ich -"

"Ach was", beschwichtigte ihn das Herz und sah ihn dabei mit einem unergründlichen Blick an. "Die anderen haben schon recht und du weißt es doch auch. Also gib Ruhe."

Der kleine Fluss nickte bekümmert. Im Grunde wusste er es ja, die anderen wussten es und das Herz wusste es auch. Er schluckte mühsam, dann gleich noch einmal, doch der riesige Kloß in seinem Hals verschwand einfach nicht.

"Ich will aber keine Ruhe geben", flüsterte er kaum hörbar. "Ich will wieder fließen und ans Meer kommen."

"Wie war das eben?", hakte das Herz sofort nach.

"Ach nichts", wiegelte der kleine Fluss ab.

"Doch doch, ich hab's gehört. Wiederhole das noch mal."

"Ist doch eh egal, ich schaffe das sowieso nicht."

"Nun komm schon, sag es noch mal."

"Ich... Ich will keine Ruhe geben, sondern fließen und ans Meer kommen", antwortete der kleine Fluss. Sicher leuchtete sein Gesicht nun rot wie ein Feuerwehrauto. Er spürte, wie ihm das Blut in den Kopf schoss und seine Wangen zu glühen anfingen. Das Herz würde ihn nun sicher für sturer als eine Herde Maulesel halten und auslachen.

"Sehr gut", lobte ihn das Herz stattdessen. "Dann sollten wir uns darum kümmern und den ganzen Unsinn, den die Angst und ihre Geschwister erzählten, pfeilschnell vergessen. Meinst du nicht auch?"

Der kleine Fluss zuckte unentschlossen mit den Schultern.

"Das geht doch nicht."

"Das geht nur dann nicht, wenn du es dir selbst nicht erlaubst."

"So ein Quatsch", maulte der kleine Fluss.

"Erlaube es dir und du wirst sehen, dass es klappt."

Der kleine Fluss überlegte kurz. Er musste es nur sich selbst erlauben, dann könnte er wieder fließen? Wenn das so einfach wäre... Nun ja, ein Versuch konnte nicht schaden. Er atmete tief durch, setzte sich aufrecht hin, schloss die Augen und sagte dann laut und entschlossen:

"Ich erlaube mir selbst, zu fließen!"

Ein paar Sekunden wartete er ab. Dann öffnete er wieder die Augen und sah auf sich hinunter. Doch sein Wasser stand immer noch so still wie vorher, nichts bewegte sich.

"Pah!", rief er aus. "Da siehst du es, du dummes Herz. Es klappt überhaupt nicht, obwohl ich es mir erlaubt habe. Wusste ich es doch."

"Was wusstest du?"

"Dass es nicht klappt! Was denn sonst?", pampte er zurück.

Das Herz nickte bedächtig.

"Siehst du, kleiner Fluss, genau da ist das Problem an der Sache. Wenn du nicht aus tiefstem Inneren davon überzeugt bist, dass du es kannst, dann sind alle Worte sinnlos. Worte alleine bewirken gar nichts. Sie sind wie das Wasser, das aus der Quelle tröpfelt. Nur in Verbindung mit dem richtigen Erdreich bildet sich unter dem Wasser ein Flussbett und trägt es vorwärts. Ansonsten versickert jeder Tropfen, der auf die Erde fällt, und ist sofort verschwunden. Ein Bach oder ein Fluss wird aber niemals daraus."

Mit großen Augen starrte der kleine Fluss auf das Herz.

"Du sprichst schon wieder in Rätseln. Ich verstehe kein Wort."

"Um ein Bach oder ein Fluss zu werden, brauchst du ein Flussbett. Das Erdreich muss doch so fest sein, dass es das Wasser sammelt und dann trägt… oder nicht?"

"Ja klar, sonst versickert es doch."

"Siehst du, und genauso ist es auch mit dem, was du dir wünschst. Deine Gedanken und Worte sind nur das Wasser, das auf die Erde tropft. Damit sie zu dem werden, was du dir wünschst, brauchen sie quasi ein Flussbett, etwas, das sie trägt und vorwärts fließen lässt."

Der kleine Fluss hielt sich mit beiden Händen den Kopf und stöhnte auf.

"Hör auf damit! Das ist mir alles viel zu kompliziert. Ich habe doch schon ein Flussbett, ich kann doch nicht zwei haben!"

Das Herz schmunzelte und streichelte dem kleinen Fluss übers Köpfchen.

"Das nicht, aber so wie dich dein Flussbett führt und lenkt, damit du wirklich ein Fluss bist, so brauchen auch deine Gedanken und Worte etwas, das sie führt, damit sie Wirklichkeit werden."

"Und was ist es, das sie führt?"

"Deine Gefühle. Aber wie auch bei dem Wasser und dem Erdreich, sie müssen zusammenpassen, damit deine Worte auch Wirkung zeigen."

"Ich glaube, ich bin dumm. Das verstehe ich absolut nicht", brummte der kleine Fluss betrübt.

30

"Sag so was nicht, du bist nicht dumm. Es ist im Grunde ganz einfach. Wenn du sagst, ich will unbedingt fließen und alles in dir, dein ganzes Gefühl, dein ganzer Körper, ist davon überzeugt, dass du das kannst und tust, dann fließt du auch. Dann passen deine Worte und dein Gefühl zusammen, so wie das Wasser und das dichte Erdreich. Was du sagst, kann also Wirklichkeit werden: Du fließt. Wenn du aber sagst, du willst unbedingt fließen und du bist davon überzeugt, das geht nicht, du schaffst es nicht, dann geht es auch nicht. Das ist genau so, als wenn Wasser auf durstige Erde fällt: Es versickert und ist einfach weg. So kann niemals ein Fluss entstehen, nicht einmal eine kleine Wasserpfütze. Verstehst du das?"

"Hm", brummelte der kleine Fluss. "Weiß ich noch nicht. Warte mal."

Er tauchte unter, damit ihn nichts ablenken konnte und begann, über diese Worte nachzudenken. So wie er sie verstand, musste er also ganz fest überzeugt sein, dass er wieder fließen konnte. Wenn er dann sagte, er könne fließen, dann würde das auch so sein. Klang eigentlich ganz einfach, nur… Woher sollte er plötzlich diese Überzeugung hernehmen, wenn alle anderen ihm sagten, er würde nie mehr fließen können oder ans Meer kommen? Sein Wasser stand obendrein schon seit geraumer Zeit still. Es sah keineswegs so aus, als ob er sich auch nur ein Stückchen bewegen könnte.

Vorsichtig bewegte er die Hände, um eine winzige Welle zu machen, doch nichts passierte. Irgendwie spürte er es ganz genau: Wenn er nur endlich wieder davon überzeugt wäre, dass ihn nichts und niemand aufhalten konnte, dann würde er auch fließen können. Vorher floss er doch auch immer vor sich hin! Wieso jetzt nicht mehr?

Alles, das ganze Ufer und das gesamte Flussbett, hatte er sich schon genau angesehen und abgetastet. Nirgends entdeckte er auch nur eine Spur von Hindernis, das ihm den Weg versperrte. Also müsste er doch logischerweise fließen können. Er tat es aber nicht. Das war absolut unverständlich für ihn.

Nie hatte er sich Gedanken übers Fließen gemacht, er tat es einfach immer ohne jegliche Probleme. Bis zu diesem einen Tag, als er damit aufhörte, ohne mehr zu wissen, warum. Wenn er doch nur endlich wüsste, was ihn dazu veranlasste, stehen zu bleiben. Sich jetzt einfach zu sagen, dass er wieder fließen würde, reichte dazu nicht aus. Überzeugt war er schon gar nicht davon, dass es jemals wieder funktionieren würde. Doch genau das müsse er tun, sagte das Herz zu ihm. Die Frage war nur, wie er das anstellen sollte.

Wenn er doch nur irgendeinen Fortschritt sehen würde, irgendetwas, das ihm bewies, dass es stimmte, dann könnte er die Überzeugung und die Gefühle dazu auch finden. Aber er sah nichts, überhaupt nichts. Nichts bewies ihm auch nur im Entferntesten, dass es stimmte, was das Herz ihm sagte. Warum sollte er sich dann darauf verlassen? Sollte er etwa blind dem Herzen vertrauen? So völlig ohne Beweis und Bestätigung? Das wäre doch total verrückt. Ebenso gut konnte er sich sagen, er wäre ein Wasserfall oder eine Regenwolke. Von beidem war er genauso wenig überzeugt wie davon, dass er wieder fließen würde. Nein, es musste eine andere Lösung geben. Das mit dem Gefühl oder der Überzeugung war völlig unrealistisch und aus der Luft gegriffen.

Langsam tauchte er auf, sah nochmals auf sein trübes, dunkles Wasser herunter, das völlig regungslos im Flussbett lag. Ganz klar, es musste zuerst irgendetwas oder irgendjemand geben, das ihn anschubste. Erst dann würde er sich auch wieder weiterbewegen können. Er selbst konnte nichts weiter tun, außer geduldig auf etwas warten, das ihm dabei half. Eine andere Lösung gab es nicht.

"Du willst also wirklich abwarten, kleiner Fluss?", unterbrach das Herz seine Gedanken.

"Pfui!", schimpfte dieser. "Du hast schon wieder gelauscht. Schäm dich! … Aber dann muss ich dir wenigstens nichts erzählen. Du weißt ja eh, was mir durch den Kopf ging."

"So ist es, das weiß ich immer. Auch ohne zu lauschen." Das Herz schmunzelte und zwinkerte ihm zu. "Du willst also den Grund wissen, warum du stehen geblieben bist, einen Beweis dafür, dass ich recht habe und wieder fließen können. Richtig?"

"Klar, ist doch logisch!"

Der kleine Fluss nickte nachdrücklich.

Das Herz seufzte tief auf.

"Du immer mit deiner Logik. Nicht immer gibt es für alles eine logische Erklärung."

"Doch, muss es geben. Es gibt *immer* eine logische Erklärung."

"Wenn das wahr wäre, gäbe es hier nur eine Seite, nämlich die Logik. Du weißt aber, alles hat immer *zwei* Seiten. Eine Seite ist das Logische und die andere? "

"Wäre theoretisch das Unlogische, aber das gibt's nicht. Was unlogisch ist, ist nicht real und damit gibt es das nicht."

"Aha. Und das Logische?"

"Das gibt es, das ist real. Und was real ist, kann man beweisen und man kann es sehen."

"Aha. Dass du wieder fließen willst, ist also logisch, oder?"

"Aber so was von logisch! Was denkst du denn?"

"Du weißt doch, kleiner Fluss, Denken ist Sache des Verstandes. Ich bin für die Liebe und die Gefühle zuständig. Aber lass uns mal ein Spiel spielen. Stell dir vor, du würdest durch die Landschaft fließen und kommst an eine Weggabelung. Dort musst du dich entscheiden, ob du links oder rechts weiterfließt. Der linke Weg verläuft ganz einfach und ein bisschen bergab. Aber er endet irgendwo an einem Gebirge, an dem du weder vorbeikommst noch darunter oder darüber fließen kannst. Dein Weg ist dann einfach zu Ende. Sackgasse. Der rechte Weg ist ziemlich schwierig, du musst dich fürchterlich anstrengen, um dort weiterzukommen, aber es ist der einzige Weg zum Meer. Welchen Weg würde die Logik wählen, wenn sie unbedingt ans Meer will?"

"Na ist doch logisch! Den, der zum Meer führt."

"Auch wenn er noch so schwer ist?"

"Na, wenn das der einzige Weg ist, der dorthin führt, dann Augen zu und durch. Anders geht's doch nicht."

"Aber der linke Weg, der bergab läuft, ist doch viel einfacher und bequemer. Du musst dich gar nicht anstrengen. Du fließt von ganz alleine."

"Und wenn schon", schnaubte der kleine Fluss verächtlich. "Er endet in einer Sackgasse. Das hilft ja nichts."

"Das ist also logisch für dich, oder?"

"Na aber so was von logisch. Wenn ich ans Meer will, muss ich den Weg zum Meer nehmen. Nur dann komme ich dorthin."

"Egal, wie viel Zeit du dafür brauchst und wie anstrengend es ist?"

"Ganz egal. Wenn nur dieser Weg zum Meer führt, dann gibt's nichts anderes. Basta!"

"Das klingt wirklich interessant, was du da erzählst, kleiner Fluss."

Das Herz nickte bedächtig. Mit einem sanften Lächeln lehnte es sich zurück und betrachtete ihn schweigend.

"Ja", sagte der kleine Fluss, hing für einen Moment seinen sehnsüchtigen Gedanken ans Meer nach und seufzte auf. Dann riss er sich zusammen. "Wieso fragst du so was? Was hat das mit mir zu tun?"

"Sehr viel, dazu kommen wir später. Du weißt, dass nur dieser Weg zum Meer führt, auch wenn er schwer wird. Aber du kommst auf jeden Fall dorthin, wo du unbedingt hin möchtest. Sag mir erst noch, wie fühlt sich das an für dich?"

"Hm", brummte der kleine Fluss. "Ich weiß nicht so genau. Gut und irgendwie auch nicht."

"Wie meinst du das?"

"Na ja… Gut, weil ich weiß, dass ich dann ans Ziel komme. Nicht so gut, weil ich vorher schon weiß, dass es so schwierig wird."

"Aha. Aber würdest du es trotzdem tun, also das Schwierige und Notwendige?"

"Wenn ich sicher weiß, dass es sich lohnt und ich ankomme, dann ganz bestimmt."

"Du willst also eine Sicherheit haben? Reicht es dir nicht zu wissen, dass es außer der Sackgasse nur noch diesen Weg gibt?"

"Was aber, wenn's noch einen anderen gibt, der mir vielleicht nur noch nicht aufgefallen ist?" Der kleine Fluss rutschte nervös hin und her. "Woher weiß ich, dass es definitiv keine Alternative gibt?"

"Weil es immer nur zwei Seiten gibt, so wie ein Ja oder ein Nein. Oder hier der rechte und der linke Weg. Alles dazwischen sind keine Alternativen, sondern nur Ausreden, um sich nicht klar entscheiden zu müssen oder die Entscheidung noch etwas aufzuschieben."

"Ach was, es gibt immer Alternativen."

"Aber doch keine, die dich wirklich weiter bringen, kleiner Fluss. Du könntest eine Weile auf dem einen Weg gehen und dann wieder umkehren. Danach könntest du dasselbe mit dem anderen Weg machen. Oder du könntest an der Gabelung einfach stehen bleiben und abwarten, ob die Hindernisse sich nicht von ganz alleine auflösen oder sie dir jemand anderes aus dem Weg räumt. Doch denkst du wirklich, dass das Alternativen sind? Du kannst vieles tun, aber nur dieser eine Weg führt dich sicher ans Meer."

Nachdenklich kratzte sich der kleine Fluss am Kopf.

"Und wenn ich einen neuen Weg baue? Einen, den es noch gar nicht gibt? Vielleicht ist der nicht so schwierig und führt mich auch ans Meer?"

"Ja, das kannst du natürlich versuchen. Aber du sagst es doch selbst: *Vielleicht* führt er dich ans Meer. Was aber, wenn nicht? Klar hast du es versucht, aber du hast dir viel Arbeit gemacht, ohne dass du im Grunde weiter gekommen bist. Da hättest du dann lieber die ganze Anstrengung für den Weg verwendet, der dich sicher ans Meer führt. Du wärst unter Umständen noch nicht dort, aber zumindest wärst du näher an deinem Ziel als vorher."

Der kleine Fluss seufzte tief auf und ließ den Kopf hängen.

"Wieso muss immer alles so kompliziert sein? Geht's denn nicht auch mal einfacher?"

Das Herz lachte leise auf.

"Weil du es so kompliziert machst mit deiner ganzen Grübelei. Du weißt doch genau, welchen Weg du eigentlich gehen musst, um an dein Ziel zu kommen. Aber du hast Angst davor, dass es anstrengend wird, ungemütlich und schweißtreibend. Und darum versuchst du, einen leichteren Weg zu finden und überlegst hin und her. Damit vertrödelst du im Grunde nur unnötige Zeit und machst dich selbst verrückt. Inzwischen hättest du nämlich ein kleines Stück auf dem richtigen Weg hinter dich gebracht."

Der kleine Fluss verzog das Gesicht, als ob er Zahnschmerzen hätte.

"Ja, das ist sogar mir einleuchtend, du hast ja recht. Leider. Aber du schweifst vom Thema ab. Wir wollten uns doch darüber unterhalten, wie ich wieder fließen kann und was die Geschichte mit mir zu tun hat."

"Das haben wir doch soeben, kleiner Fluss."

"Unsinn. Vor mir liegt keine Gabelung, an der ich mich entscheiden muss."

"Doch, sie ist nur nicht auf den ersten Blick sichtbar. Darum scheint dir auch alles so kompliziert."

"Was ich nicht sehen kann, kann's auch nicht geben."

"Du wieder mit deiner Logik", prustete das Herz los. "Kannst du die nicht mal in Urlaub schicken?"

"Nein, um Himmels willen. Das geht nicht. Die muss immer da sein, sonst komm ich doch nie weiter."

"Immer brauchst du sie nicht, nur manchmal. Häufig schadet sie dir mehr als sie dir nützt."

"Ach sei doch still!", brauste der kleine Fluss auf. "Von Logik hast du doch überhaupt keine Ahnung, also rede nicht solchen Quatsch. Du bist das unlogischste Ding, das man sich überhaupt vorstellen kann!"

"Ich bin ja auch das Herz", antwortete es mit einem entschuldigenden Lächeln. "Für die Liebe und das Gefühl gibt es keine Regeln und Bedingungen. Die gibt es immer nur für den Verstand und die Logik. Nur, damit begrenzt du dich laufend selbst. Die Liebe des Herzens aber setzt sich über alle Grenzen hinweg und ist einfach."

"Da, du bestätigst doch eigentlich genau das, was ich schon sagte. Sobald du ins Spiel kommst, wird alles wahnsinnig kompliziert."

"Nicht *ich* mache es kompliziert, sondern deine Logik, die sich in meine Arbeit einmischen möchte."

"Stimmt doch gar nicht. Du redest von unsichtbaren Gabelungen, spielst komische Spiele und erzählst mir, meine Gedanken müssen von einem Flussbett geführt werden. Also wirklich, ich glaube langsam, du bist nicht so ganz richtig im Kopf. Du bist doch total verrückt!"

Für eine Sekunde stutzte das Herz, dann brach es in schallendes Gelächter aus. Es lachte so sehr, dass ihm die Tränen aus den Augen spritzten, aufhören konnte es aber nicht. Immer wieder wurde es von Lachkrämpfen durchgeschüttelt, bis es nach Luft zu schnappen begann.

"Ich kann nicht mehr", ächzte es. "Du sagst so lustige Sachen, du lieber, kleiner Fluss. Oje, ich brauche jetzt erst einmal eine Verschnaufpause."

"Ich auch", brummte der kleine Fluss missmutig. "Und zwar von dir!"

"Also gut", antwortete das Herz, noch immer kichernd. "Machen wir ein kleines Päuschen."

"Ja, unbedingt! Du faselst nämlich nur Unsinn. Lösung hast du mir aber auch keine parat. Ich werde mich jetzt mit der Logik unterhalten, die findet sicher eine. Die ist nicht so durchgedreht wie du. Die versteht man wenigstens!"

Wieder bekam das Herz einen Lachanfall und klopfte sich dabei vor Vergnügen auf die Schenkel.

"Mach das, du lustiger Fluss. Wir sehen uns später. Ich platze fast vor Neugierde, was sie dir erzählt."

Der kleine Fluss schnaubte verächtlich auf und tauchte blitzschnell unter. Fast hätte ihn das Herz eingewickelt mit seinen schönen Reden, aber das war, bevor es anfing, Unfug zu erzählen. Pah! Unsichtbare Gabelungen! Gedanken von einem Flussbett geführt! Und nochmals pah! So viel dummes Zeug hatte er noch nie gehört. Da war ihm die Logik tausendfach lieber. Diese sprach wenigstens klar und deutlich mit einem. Das, was sie sagte, war auch verständlich und einleuchtend. Einfach logisch eben! Ganz anders als dieses verdrehte Herz.

"Hallo, Logik! Wo bist du denn? Komm mal bitte, ich muss dringend mit dir reden."

"Hier bin ich. Wurde ja auch Zeit!", antwortete die Logik kühl.

"Stimmt, aber ich wollte vom Herz -"

"Das hat doch von nichts eine Ahnung."

"Na ja, es sagte -"

"Wen interessiert dieser Bockmist? Mich jedenfalls nicht."

"Ich wollte ja nur sagen, dass -"

"Hey, wenn dir dieser Dummschwätzer lieber ist, dann sag es gleich. Dann lass ich dich eben in dein Unglück laufen."

Der kleine Fluss erschrak und schüttelte heftig den Kopf.

"Nein, nein. Bleib bitte da, Logik. Ich brauche dich doch!"

"Recht so! Also komm zur Sache, Zeit ist Geld. Was ist los?"

"Ich kann nicht mehr fließen. Ich will aber, weil ich unbedingt ans Meer kommen will."

"Und wo ist hier bitte ein Problem? Wenn du nicht mehr fließen kannst, kannst du das Meer abhaken. Ist doch logisch!"

"Ja, aber ich will doch unbedingt -"

"Hör auf zu quengeln. Wenn du ans Meer willst, musst du fließen. Fließt du nicht, kommst du dort nicht hin. Ganz einfach."

"Und wie fließe ich wieder?"

Die Logik verdrehte die Augen.

"Stell dich doch nicht so an! Indem du aufhörst, stehen zu bleiben."

"Das habe ich doch schon versucht, aber ich fließe einfach nicht."

"Dann hak es ab. Ohne Fließen gibt's kein Meer. Ist doch ganz logisch."

Das stimmte zwar, dachte sich der kleine Fluss, aber so schlau war er auch schon gewesen. Neu war ihm das, was die Logik erzählte, überhaupt nicht. Und ihre ganze Art begeisterte ihn auch nicht. Sie war so pampig und unfreundlich zu ihm. Aber beschweren würde er sich nicht. Am Ende zog sie sich noch beleidigt zurück oder würde sauer werden. Er musste erst eine logische Erklärung finden, wieso er stehen geblieben war und nicht mehr fließen konnte. Und dann musste eine Lösung her.

"Aber es gibt doch für alles eine logische Erklärung, oder etwa nicht?", fragte er, sich vorsichtig vorantastend.

"Natürlich, die gibt es immer."

"Was ist dann die logische Erklärung dafür, dass ich stehen geblieben bin?"

"Na, weil du aufgehört hast zu fließen, Dummerchen", antwortete die Logik genervt. "Kapierst du es immer noch nicht? Du drehst dich laufend im Kreis."

"Aber warum habe ich aufgehört zu fließen?"

"Weil du einen guten Grund dafür hattest und den weißt du doch selbst."

"Ja, weil die anderen mich alle nur benutzten und mir schaden wollten."

"Siehst du? Was willst du also von mir hören, wenn du es eh schon weißt?"

"Meine Güte, ich will wissen, wie ich wieder fließen kann, ganz einfach!"

So langsam wurde der kleine Fluss nun auch ärgerlich.

"Sagte ich dir doch schon. Hör auf, stehen zu bleiben und fließ einfach."

"Aber wenn das doch nicht geht, zum Kuckuck!"

"Dann hak es ab und bleib stehen. Basta!"

"Also hör mal!", brauste der kleine Fluss auf. "Mir hältst du vor, ich dreh mich im Kreis. Und was tust du? Du plapperst wie ein Papagei immer das Gleiche. Fällt dir nichts Besseres ein?"

"Wenn du unterhaltsame Märchen aus Tausendundeiner Nacht hören willst, dann unterhalte dich doch mit dem Dummschwätzer. Ich habe für so etwas keine Zeit. Von mir bekommst du knallharte Fakten und sonst nichts. Klar?"

"Ja, schon gut", murrte der kleine Fluss. "Sag mir lieber, warum die anderen so gemein zu mir waren."

"Mann, du stellst dich aber an! Na, weil sie ihren eigenen Vorteil im Auge hatten. Denen bist du doch egal."

"Meinst du wirklich?", hakte er zaudernd nach. Das war so ganz anders als das, was ihm der Himmel und auch das Herz sagten.

"Natürlich. Jedem geht es doch nur um sich. Wieso sollte man sich auch um die anderen kümmern? Ist doch deren Sache, was bei ihnen abläuft oder nicht."

"Aber... Das ist doch gemein. So was tut man doch nicht."

"Wen interessiert es? Wenn du einen Nutzen davon hast, wieso nicht?"

"Damit tue ich doch anderen weh und mach ihnen ihre Träume kaputt. Das ist weder gut noch richtig."

"Wer sagt das? Dieser herzige Dummschwätzer etwa? Der hat doch keine Ahnung. Dieser Möchtegern-Schlaumeier sieht einen stinkenden Misthaufen und bildet sich ein, dass darunter immer ein Goldschatz vergraben ist. Aber ein Misthaufen ist ein Misthaufen und bleibt auch einer. Wenn die anderen herumheulen und sich ihre Träume kaputtmachen lassen, sind sie selbst schuld."

"Warum?"

"Ist doch logisch! Weil sie die geborenen Verlierer sind.

Nicht jeder kann gewinnen. Dazu musst du hart, stark und rücksichtslos sein. Wenn du das nicht bist, verlierst du immer und du verdienst es auch nicht anders. So ist das einfach im Leben. Das siehst du doch selbst. Du gehörst zweifellos auch zu diesen Versagern."

Der kleine Fluss wurde auf einmal ganz traurig. War er das wirklich? Das hieße ja dann, dass er niemals irgendetwas schaffen oder erreichen konnte. Er würde auf immer und ewig ein unbeweglicher Fluss mit trüben, schwarzen, morastigen Wasser sein.

Niemals wieder würde irgendetwas Schönes passieren in seinem Leben. Jeden einzelnen Tag würde er einsam sein und egal wie sehr er sich bemühte, seinen Traum vom Meer konnte er ein für alle Mal begraben. Genauso wie jeden anderen Wunsch. Auch diese würden sich nicht erfüllen. Denn er war ein geborener Verlierer und Versager, von vorneherein zum Scheitern verurteilt. Wieso meinte es das Schicksal nur so schlecht mit ihm? Was hatte er denn nur verbrochen, dass er so arg bestraft wurde? Und was hatte er nur getan, dass er nichts Besseres verdiente?

Er war doch immer freundlich und hilfsbereit zu allen gewesen. Niemanden übervorteilte er, niemanden belog oder betrog er, niemandem wollte er jemals schaden. Im Gegenteil. Wenn er sah, dass es den anderen gut ging, freute er sich darüber. Nichts, aber auch gar nichts Böses hatte er jemals getan. Warum also verdiente er nicht ein bisschen Spaß und Freude?

"Wieso verdiene ich nichts Besseres? Was habe ich falsch gemacht?"

"Du musst nichts falsch machen", winkte die Logik ab. "Manche verdienen es und manche eben nicht. So ist das und nicht anders."

"Aber warum denn?"

"Weil nicht jeder das Beste haben kann. Es gibt nicht genug Bestes, sondern auch jede Menge Mist. Wenn das Beste weg ist, bleibt eben nur der Mist übrig. Du warst einfach nicht schnell genug. Dein Pech, dass du nur noch den Mist bekommst. Finde dich damit einfach ab."

Als er diese Worte hörte, die ihm die Logik sagte, schien es ihm, als würde plötzlich alles in ihm absterben. Das Einzige, das er noch fühlte, war ein dumpfes Gefühl unendlicher Trauer und Resignation, das jede Zelle seines Körpers auszufüllen schien. Falls das stimmte, was die Logik behauptete, welchen Sinn machte dann alles noch? Wozu sollte er sich überhaupt um irgendetwas bemühen, auf irgendetwas hoffen, von irgendetwas träumen, wenn alles ohnehin von vorneherein zum Scheitern verurteilt war?

Auf einmal fühlte er sich wie in einem engen Verlies gefangen, umgeben von massiven, breiten Steinmauern, eingehüllt von nachtschwarzer Dunkelheit. Nirgendwo sah er auch nur einen winzigen Lichtschimmer. Eisige Kälte griff mit spitzen Klauen nach ihm, kroch langsam in ihm hoch und lähmte ihn völlig. Es gab kein Entrinnen für ihn. Für den Rest seines Lebens würde er dort vor sich hinvegetieren, unbemerkt von allen anderen. Die Welt würde sich weiterdrehen, aber ohne ihn.

"Sonst noch Fragen?"

Mit kühler, sachlicher Stimme riss die Logik ihn aus seinen Gedanken.

Matt schüttelte der kleine Fluss den Kopf.

"Eigentlich nicht, nur… Bist du dir da ganz sicher?"

"Na logisch! Was denkst du denn? Kuck dir die Sache doch mal ganz nüchtern an, ohne diese ständigen, überflüssigen Gefühlsduseleien. Wenn es für etwas keine Lösung gibt, dann gibt es eben keine."

Die Erinnerung flüsterte dem kleinen Fluss etwas ein und ein minimaler Hoffnungsschimmer durchzuckte ihn.

"Sagtest du nicht mal, dass es immer eine Lösung geben muss?"

"Logisch. Für jedes Problem gibt es eine Lösung."

"Dann muss es doch auch eine für mich geben. Ich meine dafür, wie ich wieder fließen kann."

Die Logik stöhnte auf.

"Du stellst dich aber auch an! Wie oft soll ich es dir denn noch sagen, damit du es endlich kapierst? Es gibt zwei Lösungen. Die erste ist, du versuchst wieder zu fließen. Wenn das nicht klappt, gibt es noch die zweite Lösung: Du findest dich damit ab, dass es ist, wie es ist. Jetzt endlich verstanden?"

"Ja, habe ich", murmelte der kleine Fluss enttäuscht. "Wenn es sonst keine Lösung gibt…"

"Gibt es nicht", sagte die Logik voller Überzeugung. "Du kannst natürlich weiter herumwinseln und mich noch tausendmal fragen, ändern wird das aber auch nichts. Ich habe dir alle Lösungen gesagt, die nicht nur total plausibel, sondern absolut logisch sind. Akzeptier sie oder lass es bleiben."

"Ist gut", antwortete der kleine Fluss mit tränenerstickter Stimme. "Ich habe alles versucht, um wieder zu fließen, es geht einfach nicht. Also muss ich es akzeptieren und meinen Traum begraben… Wenn das nur nicht so weh täte."

"So ist das nun mal", sagte die Logik kalt. "Träume sind Träume, aber nicht mehr. Sie sind ein lustiger Zeitvertreib, wenn einem mal langweilig ist. Aber daran zu glauben, dass sie in Erfüllung gehen… Hey, das ist doch völlig realitätsfremd. Hör endlich auf, in dieser kindischen Traumwelt voller Illusionen und Wunschbilder zu leben. Du glaubst wohl auch noch an den Weihnachtsmann, oder? Hör mal, das ist alles nicht das reale Leben. Die Wirklichkeit sieht ganz anders aus. Sagt auch mein Freund, der Verstand. Das Leben ist kein Wunschkonzert, Kleiner. Geschenkt bekommt man gar nichts, schon gar nicht die schönen Dinge. Die muss man sich hart und gnadenlos erkämpfen. Keiner vergönnt sie dir nämlich. Sie werden alles tun, um dich davon abzuhalten, das zu bekommen und damit mehr als sie zu haben. Wenn du irgendetwas haben willst, dann musst du dir das auch verdienen. Du musst schnell sein, berechnend, egoistisch. Rücksicht auf andere, die kannst du dir nicht erlauben. Sollen sie auf der Strecke bleiben, das ist unwichtig. Sie machen es doch genauso. Logische Konsequenz: Aug um Auge, Zahn um Zahn. Anders kommst du zu nichts. So sieht es aus, das *reale* Leben. Es ist ein unaufhörlicher und ermüdender Kampf, nichts anderes. Wer behauptet, dass das Leben Spaß machen muss, lügt sich selbst etwas in die Tasche. Du hast die Wahl: Wach endlich auf und sieh es, wie es wirklich ist, oder träum weiter."

Während die Logik ihm diese ernüchternde Rede hielt, sank der kleine Fluss immer mehr in sich zusammen. Logisch klang das alles sicherlich, aber… Wenn das, was die Logik ihm sagte, *richtig* war, wieso fühlte er sich auf einmal so grauenhaft niedergeschlagen und armselig? Wieso ging es ihm dabei so überhaupt nicht gut? Im Gegenteil, nie hatte er sich schlechter und deprimierter gefühlt als im Moment. Und damit sollte er sich abfinden, den Rest seines Lebens? Was für schauderhafte, unerträgliche Aussichten! Nein, so wollte er nicht leben. Keinen einzigen Tag.

Sein Wunsch, irgendwann einmal ans Meer zu kommen, war ihm mittlerweile schon fast egal geworden. Das Einzige, das er sich im Moment sehnlicher als alles andere wünschte, war, sich wenigstens ein klein wenig besser zu fühlen. Nur ein winzig kleines bisschen. Er dachte zurück an vergangene Tage, als er so spielend leicht vor sich hinfloss. Wie schön war damals alles gewesen. Er vermisste die Tiere, die ihm lustige Geschichten erzählten und die kleinen, quirligen Fische, die in seinem klaren Wasser hin und her schwammen. Die kleinen Luftblasen, die sie zwischendurch aufsteigen ließen, hatten ihn so herrlich gekitzelt, dass er immer lachen musste. Auch die Sonnenstrahlen, die unermüdlich auf ihm tanzten und seine Wasseroberfläche so prächtig glitzern ließen, vermisste er. Während er an diese sorglose Zeit zurückdachte, überfiel ihn auf einmal ein eigenartiges Gefühl, das er so noch nie kennengelernt hatte. Es war, als würde sich alles in ihm derart zusammenkrampfen, dass es ihn jede Sekunde zerreißen würde. Noch nie war er mit Feuer in Berührung gekommen, wie auch, er bestand hauptsächlich aus Wasser. Feuer kannte er nur aus Erzählungen der Tiere und Pflanzen, aber so musste es sich anfühlen, wenn man lichterloh von Kopf bis Fuß brannte und das Feuer einen auffraß.

"Sonst noch Fragen?", hörte er die emotionslose Stimme der Logik. "Oder hast du es endlich kapiert?"

"Keine Fragen mehr", antwortete der kleine Fluss hastig. Noch mehr Hiobsbotschaften wollte er nicht hören. Eigentlich wollte er von der Logik überhaupt nichts mehr hören. Egal, was sie sagte, mochte es auch noch so einleuchtend und plausibel sein, es fühlte sich scheußlich kalt und ernüchternd an. Zudem war sie auch sehr ungeduldig und fing immer gleich an zu nörgeln.

Wie anders waren doch die Gespräche mit dem Himmel und dem Herz gewesen. Auch wenn er ihnen nicht alles glaubte, was sie ihm sagten, ihm ging es dabei und vor allem hinterher immer viel besser als vorher. Ihm wurde dabei sogar ganz warm und es schien beinahe, als ob sein Wasser nicht mehr ganz so trübe und dunkel aussah. Selbst wenn es vielleicht nur Einbildung war, er fühlte sich trotzdem viel wohler. Sogar mit der Boss-Regenwolke, die ihn vor geraumer Zeit als Jammertümpel beschimpft hatte, ging es ihm noch besser als mit der Logik. Die Frage war nur, warum? Der Himmel als auch das Herz gab ihm allein zusätzlich noch die Schuld dafür, dass er stehen geblieben war und nicht mehr fließen konnte. Nett war das gar nicht von ihnen.

Seine Gedanken galoppierten wie wilde Pferde auf einer Steppe hin und her. Der kleine Fluss sah schon fast den Staub vor sich, den ihre Hufe dabei aufwirbelten, so schnell rannten sie. Plötzlich stutzte er. Was war das für eine seltsame Stimme, die er da in sich kaum hörbar flüstern hörte? Er verstand auch nicht genau, was sie sagte, aber er hörte sie, und zwar zum allerersten Mal. Neugierig geworden spitzte er die Ohren und lauschte angestrengt in sich hinein. Ihr Flüstern war aber so leise, dass er trotz allem nichts verstand.

"Hey du, ich weiß zwar nicht, wer du bist. Aber wenn du schon mit mir reden willst, geht es vielleicht ein bisschen lauter? Ich verstehe ja nichts!", sagte der kleine Fluss aufgeregt.

Wieder horchte er in sich hinein und versuchte zu verstehen, was diese unbekannte Flüsterstimme zu ihm sagte. Dem Herzen gehörte diese Stimme sicher nicht. Es flüsterte zwar auch oft sehr leise und es klang ähnlich, aber doch irgendwie anders. Er atmete tief durch und konzentrierte sich mit aller Kraft auf sie. Alles verstand er nicht, trotzdem war ihm fast so, als ob er ein *"Gib nicht auf, du kannst es"* hörte.

Verwirrt kratzte der kleine Fluss sich am Kopf. War er nun übergeschnappt? Er begann, Stimmen zu hören! Was passierte hier nur Seltsames? So was gab es doch nicht… Oder doch? Noch einmal atmete er tief durch, noch einmal richtete er seine ganze Konzentration auf diese Stimme. Lieber Himmel, wenn sie nur ein wenig lauter reden würde! Er war doch ein Fluss und keine Fledermaus! Es dauerte eine Weile, dann glaubte er *"Vergiss die Logik und hör nur auf dein Herz. Dann wird alles gut"* zu verstehen.

"Wer bist du denn?", flüsterte er andächtig zurück.

"Ich bin du."

Der kleine Fluss zuckte zusammen. Er musste sich verhört haben. Das konnte doch nicht sein! Die einzig logische Erklärung schien, er war wirklich verrückt geworden. Führte er etwa Selbstgespräche? Diese unbekannte Stimme konnte doch nicht *er* sein! Nein, das gab es nicht. Das war nicht seine eigene Stimme. Die klang doch ganz anders! Umso mehr wunderte er sich. Er kannte diese Stimme nicht, nie zuvor hörte er sie und doch kam sie ihm seltsam vertraut vor. Aber woher und warum?

"*Wer* bist du?", fragte er noch mal und lauschte angespannt.

Wieder glaubte er, ein *"Ich bin du"* zu hören.

46

Der kleine Fluss erschrak ganz fürchterlich. Wenn das wirklich seine Stimme war, mit der er sich hier unterhielt, dann war er ein Fall für die Psychiatrie. Ein Spatz hatte ihm einmal davon erzählt. Dort würden sie ganz schlimm Kranke einweisen, sogenannte Schizophrene, die Stimmen hörten und Dinge sahen, die es gar nicht gab und niemand sonst hören und sehen konnte. Ihm wurde plötzlich gleichzeitig heiß und kalt. Das war ja furchtbar! Hatte ihn etwa auch diese Krankheit gepackt? Irgendetwas musste er tun.

Auf den Spatz warten brauchte er nicht. Selbst der kam nicht mehr zu ihm. Klar, er konnte die Logik fragen. *Ich bin du.* Darauf gab es sicher eine logische Erklärung. Aber Lust hatte der kleine Fluss nicht darauf, nochmals mit ihr zu reden. Nicht im Augenblick. Nach allem, was sie ihm vorhin erzählte, fühlte er sich ohnehin schon schlecht genug. Sicherlich würde sie ihm sagen: *Na logisch, du bist verrückt!* Nein nein, das würde er nicht ertragen können, auch wenn es vielleicht die Wahrheit war. Aber mit wem sollte er nur reden? Wer konnte ihm helfen? Vielleicht wusste diese seltsame Stimme darauf eine Antwort.

"Wenn du ich bist und ich bin du… Sind wir dann beide verrückt?"

"Nein. Es ist gut, dass du mich endlich hörst."

"Aber wer *bist* du denn?"

"Ich bin du. Ich bin deine Innere Stimme."

"So ein Unsinn! Du kannst nicht ich sein. Und eine Innere Stimme gibt's nicht. Also hör auf, mich anzuschwindeln, und sag mir die Wahrheit. Wer bist du wirklich?"

Der kleine Fluss horchte wieder ganz angestrengt in sich hinein, doch er hörte nichts mehr. Diese seltsame Stimme antwortete nicht. Komisch, dachte er. Vielleicht hatte er sich das Ganze nur eingebildet. Oder er war schizophren und damit schwer krank.

"Hallo, bist du noch da?"

Keine Antwort.

"Hey du Feigling, jetzt rede schon mit mir oder ist es dir

peinlich, weil ich dich beim Lügen ertappt habe?"

Ein bisschen ärgerlich wurde er schon, weil diese seltsame Stimme genauso urplötzlich verschwunden war, wie sie auftauchte. Pah! Wer auch immer sie war, Anstand besaß sie überhaupt keinen. Völlig ohne Gruß abzuhauen, nein, das war unanständig und unhöflich. *Ich bin du.* Die Stimme musste ein Lügner sein, denn er war nicht so. Wenn er nicht so war, dann war die Stimme auch nicht er, wie sie behauptete. Und damit war er nicht schizophren... Oder doch?

Der kleine Fluss stöhnte auf. Das wurde ihm alles zu kompliziert und zu viel. Er musste Luft schnappen gehen. Schnell tauchte er auf und sah sich um. Die Natur sah so herrlich idyllisch aus. Um ihn herum die goldfarbenen Weizenfelder, die sattgrünen Bäume und Pflanzen, der wolkenlose, strahlend blaue Himmel und die Sonne, die die Luft vor Hitze flirren ließ... Ganz weit entfernt hörte er Grillen zirpen und ein paar Vögel zwitschern. Ein andächtiger Seufzer entkam ihm. Was für ein traumhafter Sommertag!

"Ja, kleiner Fluss, die Natur ist wunderschön. Immer, wenn ich sie sehe, dann kann ich nicht anders, ich muss vor Freude hüpfen."

Das Herz lächelte ihn so liebevoll an, dass dem kleinen Fluss ganz warm wurde.

"Ich auch!", rief er überschwänglich aus. "Ich meine... Du weißt schon, wenn ich wieder hüpfen kann."

"Ich weiß, kleiner Fluss. Komm, erzähl mir, wie war dein Gespräch mit der Logik?"

"Na ja, wie eben Gespräche mit der Logik so sind", wich er aus. Wenn er dem Herz erzählen würde, wie miserabel er sich dabei gefühlt hatte, es würde ihn sicher voller Schadenfreude auslachen.

"Logisch eben, nicht wahr?"

Das Herz zwinkerte ihm kichernd zu.

"Ganz genau", sagte er schnell. "Aber ich muss dich jetzt unbedingt was fragen, Herz. Das ist ganz wichtig!"

"Nur zu, um was geht es denn?"

Wenn ihm das nur nicht so peinlich wäre… Um noch ein bisschen Zeit zu gewinnen, bis er den Mut zum Fragen aufbrachte, patschte er ein paar Mal mit den Händen auf seine Wasseroberfläche. Früher waren dabei Wassertropfen lustig in alle Richtungen gespritzt. Jetzt gab es kaum leichte Wellen, stellte er traurig fest.

"Glaubst du, ich bin ein Fall für die Psychiatrie?", fragte er und bemühte sich dabei um einen beiläufigen Ton.

"Ob du was?" Das Herz stutzte und lachte dann schallend auf. "Wie kommst du denn auf so etwas, kleiner Fluss? Hat dir das etwa die Logik erzählt?"

"Nein, die war das nicht."

"Sondern?"

"Das ist es ja! Angeblich ich. Sie sagte, sie wäre ich."

"Wer sagte das?"

"Na sie, die Stimme!"

"Das musst du mir jetzt ein bisschen genauer erklären, kleiner Fluss. Ich verstehe gerade nicht so ganz, was du mir sagen willst."

Er seufzte tief auf und zuckte mit den Schultern.

"Ich noch viel weniger, das kannst du mir glauben. Nach dem Gespräch mit der Logik ging mir so viel durch den Kopf, ich musste darüber nachdenken. Dann fiel mir ein, wie schön früher alles war und hatte ein ganz komisches Gefühl. Fast so, als würde es mich zerreißen und ich obendrein vom Feuer aufgefressen werden. Und auf einmal war sie da, diese Stimme. Sie flüsterte ganz leise, noch leiser als du. Ich musste mich ganz gewaltig konzentrieren, um sie überhaupt zu verstehen. Dann fragte ich sie, wer sie denn sei."

"Das ist ja interessant", sagte das Herz, während es bedächtig nickte. "Und was antwortete sie?"

"Ich bin du."

"Das hat sie dir gesagt?"

"Ja. Ich dachte, ich habe mich verhört. Auch beim zweiten

Mal gab sie mir die gleiche Antwort. Nun war ich total verwirrt, daher habe ich zum dritten Mal gefragt. Und dann sagte sie plötzlich, sie wäre meine *Innere Stimme*. So was Komisches! Ich sagte, das gäbe es nicht, sie würde mich nur anlügen. Dann war sie auf einmal stumm. Glaubst du, ich bin schizophren? Dass ich Stimmen höre, die es gar nicht gibt?" Ein besorgter Ausdruck huschte über sein Gesicht. "Dann ist man nämlich ein Fall für die Psychiatrie, sagte der Spatz einmal zu mir."

"Nein, kleiner Fluss, du bist weder schizophren noch ein Fall für die Psychiatrie. Mach dir keine Sorgen. Freu dich lieber darüber, du hast eine wunderbare Entdeckung gemacht." Das Herz tätschelte ihm die Schulter. "Es wurde ja auch Zeit, dass du sie endlich hörst."

Erstaunt riss der kleine Fluss die Augen auf.

"Du meinst, es gibt sie also wirklich? Ich habe mir das nicht nur eingebildet?"

"Nein. Jeder hat sie, aber nicht jeder hört sie auch."

"Bisher habe ich sie auch nie gehört, wieso jetzt auf einmal?"

"Weil es dafür den richtigen Augenblick braucht, um sie zum ersten Mal zu hören."

"Und der war jetzt?", fragte er ganz aufgeregt.

"Wenn du sie gehört hast, deine Innere Stimme, dann auf jeden Fall. Und ich weiß auch, warum."

"Ehrlich?" Nervös zappelte der kleine Fluss in seinem engen Flussbett hin und her. Wenn es doch nur ein bisschen breiter wäre! "Sag es mir, bitte. Warum war jetzt der richtige Zeitpunkt?"

"Du hast dich doch mit der Logik unterhalten. Ich kenne sie und ich weiß, wie sie mit einem spricht. Sie ist immer sehr kalt, nüchtern und sachlich. Das ist sie sogar dann, wenn es um Gefühle geht. Davon hat sie zwar überhaupt keine Ahnung, aber das gibt sie natürlich niemals zu. Im Gegenteil. Da redet sie genauso neunmalklug daher wie sonst auch. Wer ihr dabei zuhört und ihr das alles auch noch glaubt, wird dabei meist so unglücklich, wie er noch nie zuvor war. Und dann, genau in diesen Momenten, da hören manche zum ersten Mal in ihrem Leben ihre Innere Stimme."

Das stimmte absolut, musste der kleine Fluss sich selbst eingestehen. Unglücklicher als nach diesem Gespräch mit der Logik hatte er sich nie zuvor gefühlt.

"Aber wieso war sie auf einmal verschwunden?", wollte er wissen. "War sie etwa beleidigt, weil ich sagte, sie lügt?"

"Nein, beleidigt ist sie niemals. Verschwunden ist sie auch nicht, du hast sie nur nicht mehr gehört. Du brauchst nämlich etwas, damit du sie auch wirklich verstehen kannst."

"Ja", brummte der kleine Fluss verdrossen. "Um sie zu verstehen, brauche ich Fledermausohren, weil sie so leise flüstert. Die hab ich aber nicht."

"Ach was, Fledermausohren brauchst du nicht." Das Herz schmunzelte. "Du brauchst etwas ganz anderes, nämlich Vertrauen."

"Vertrauen? Zu dieser komischen Flüsterstimme?"

"Ganz genau. Je mehr du deiner Inneren Stimme vertraust, desto lauter und deutlicher hörst du sie."

"Hm", brummte er. "Ich kenn sie doch gar nicht. Wie soll ich ihr denn da vertrauen? Ich weiß doch nicht mal, was sie mir alles erzählen will."

"Weißt du, sie hat nicht gelogen, als sie sagte, sie wäre du. Sie ist dein Innerstes und das Einzige, das sie möchte, ist, dich zu dem hinführen, was dich glücklich macht."

"Was mich glücklich macht?" Der kleine Fluss horchte auf. "Dann kann sie mich wieder fließen lassen?"

"Das nicht, das musst du schon selbst tun, aber sie kann dich anleiten und führen, damit du es wieder kannst."

"Wow! Das ist ja toll", jubelte er auf. Dann fiel ihm spontan etwas ein. *Aug um Auge, Zahn um Zahn,* hatte die Logik gesagt. Das hieß logischerweise, wenn diese Stimme was für ihn tat, musste er wohl auch was für sie tun. "Und wo ist der Pferdefuß an der ganzen Sache?", fragte er argwöhnisch. "So ganz umsonst wird sie das sicher nicht tun. Was will sie dafür haben?"

"Nur, dass du ihr vertraust, sonst nichts."

"Bist du dir da ganz sicher? Wieso sollte sie mir was Gutes tun und nichts dafür haben wollen? Da stimmt doch was nicht. Da ist sicher was faul an der Sache."

Das Herz schüttelte den Kopf.

"Nein, kleiner Fluss. Nichts ist faul daran. Deine Innere Stimme ist im Grunde nichts anderes als deine Verbindung zu deiner Seele und damit zu dir selbst. Viele sehen in dir nur einen kleinen Fluss. Auf den ersten Blick bist du das nämlich. Aber in dem kleinen Fluss steckt noch etwas anderes, etwas Wunderschönes und Prächtiges. Etwas, das so hell leuchtet und strahlt, dass man es mit den Augen gar nicht sehen kann."

"Aber wenn man es nicht sehen kann, dann ist es doch gar nicht da!", protestierte der kleine Fluss. "Dann gibt's das doch gar nicht!"

"Ach nein? Du kannst also auch die Wärme der Sonnenstrahlen sehen, oder willst du etwa behaupten, sie machen nicht warm?"

"Äh… nein. Sehen kann ich sie nicht, aber fühlen."

"Siehst du dieses Gefühl oder -"

"Nein, schon gut, du hast ja recht", sagte der kleine Fluss hastig. "Ich kann weder die Wärme noch das Gefühl sehen, aber beides ist da. Ich spür es doch. Aber sag mir, was leuchtet und strahlt denn in mir so hell, das man es nicht sehen kann?"

"Der kleine Fluss, der du bist, das ist nur eine Art Verkleidung, die du dir ausgesucht hast. Aber hinter dieser Verkleidung bist du eine ganz hell leuchtende, wunderschöne, strahlende Seele."

Der kleine Fluss wollte etwas sagen, ihm blieb aber der Mund offen stehen.

"Ich bin eine Seele?", fragte er ehrfürchtig. "Und ich leuchte?"

"Ja, das tust du."

Er war eine Seele, eine wunderschöne, strahlende Seele!

52

Was konnte es Schöneres geben als das?

Ein Schwan hatte ihm einmal davon erzählt. Es war schon ein alter, sehr weiser Schwan gewesen und der sagte ihm, dass es nichts Reineres, Perfekteres und Göttlicheres gab als eine Seele.

"Ich leuchte wirklich? So wie ein Glühwürmchen?"

Das Herz schmunzelte.

"Noch zigtausendfach heller und schöner als ein Glühwürmchen."

Ein Anflug von Stolz überkam den kleinen Fluss. Wenn er so etwas Wunderbares war, dann… Dann müsste er eigentlich doch fließen können. Das tat er aber nicht!

"Dann stimmt aber mit mir irgendetwas nicht, Herz. Irgendwas ist bei mir kaputt."

"Wie kommst du denn darauf?", fragte das Herz ganz verwundert. "Was soll denn kaputt sein?"

"Ich weiß auch nicht. Das eben, was leuchten lässt. Vielleicht habe ich so einen Leuchtstoff nicht."

"Bei dir ist gar nichts kaputt, kleiner Fluss." Zur Beruhigung streichelte das Herz ihm übers Köpfchen. "Du hast alles, was du brauchst, um als Seele zu leuchten. Genauso wie du alles dafür hast, um zu fließen. Darauf wolltest du doch hinaus, oder nicht?"

"Ja." Auf einmal kam ihm eine Idee. "Vielleicht leuchte ich nur dann, wenn ich fließe? Bei meinem Wasser ist es doch so ähnlich. Wenn ich fließe, ist es ganz hell und klar. Jetzt ist es ganz dunkel und trüb, weil ich stehe. Also muss ich doch nur wieder fließen, damit ich wieder leuchte, stimmt's?"

"Nein. Eine Seele leuchtet immer ganz hell und strahlend, das hat nichts damit zu tun, ob du fließt oder nicht. Und deine Seele spricht auch immer mit dir, weil sie dir den richtigen Weg zeigen möchte."

"Du meinst, den richtigen Weg zum Meer?", platzte es aus dem kleinen Fluss heraus.

"Im Grunde genommen, ja. Sie sagt dir zwar nicht, fließe um

den Baum herum und danach zwei Meter geradeaus, aber sie sagt dir, ob das, was du tun willst, um dein Ziel zu erreichen, richtig ist oder nicht."

"Das klingt schon wieder kompliziert. Und woran erkenne ich sie, wenn sie mit mir spricht?"

"Du hast doch vorhin schon mit ihr gesprochen, kleiner Fluss. Erinnerst du dich nicht mehr daran?"

"Meinst du etwa… Meinst du diese flüsternde Stimme, für die ich Fledermausohren brauche?"

Das Herz lachte amüsiert auf.

"Genau die meine ich. Deine Innere Stimme. Die Fledermausohren brauchst du nicht dafür. Du musst nur genau zuhören und anfangen, dieser Stimme in dir zu vertrauen. Dann hörst du sie immer deutlicher und lauter und brauchst dich nicht einmal mehr anstrengen, um sie zu verstehen."

"Aber das ist nicht so einfach", brummte der kleine Fluss. "Woher soll ich denn wissen, ob ich ihr vertrauen kann?"

"Sie ist die Stimme deiner Seele. Deine Seele weiß ganz genau, was wirklich gut und richtig für dich ist. Niemals wird sie dir etwas sagen, was dir schadet. Deshalb kannst du ihr absolut vertrauen."

"Ich weiß nicht so recht. Das wäre doch viel zu einfach. Da bräuchte ich sie ja nur zu fragen, was ich tun soll und dann würde alles klappen. Nein, das kann nicht funktionieren. Die Logik sagte nämlich vorhin, das Leben wär kein Wunschkonzert und nicht jeder kann gewinnen. Ich auch nicht, weil ich der geborene Versager und Verlierer wäre."

"Und das glaubst du ihr?"

Der kleine Fluss zuckte unentschlossen mit den Schultern.

"Ich weiß nicht, aber… Es sieht doch ganz so aus. Wäre ich ein Gewinner, dann würde ich fließen und ans Meer kommen können. Kann ich aber nicht. Egal was ich tue, ich stehe und bewege mich keinen Millimeter. Du sagtest mal, ich bräuchte mich nur dafür entscheiden, wieder zu fließen. Und was ist passiert? Ich habe mich dafür entschieden und es hat nichts geändert. Ich stehe immer noch. Mir ist es einfach nicht vergönnt, dass sich mein Traum erfüllt."

"Und das heißt für dich, die Logik hat recht?"

"Muss sie doch wohl."

"Hast du nicht mal behauptet, die Logik hätte immer eine Lösung?"

"Ja. Sie hatte auch eine. Sogar zwei."

"Interessant. Welche denn?"

"Sie sagte, ich solle aufhören, stehen zu bleiben und einfach fließen. Wenn das nicht geht, soll ich stehen bleiben und akzeptieren, dass es eben so ist."

"Das sind ihre Lösungen für dich?"

Der kleine Fluss nickte traurig.

"Sonst fällt ihr nichts anderes ein?"

"Doch. Sie sagte, ich könne auch den Rest meines Lebens herumjammern und sie noch tausendmal das Gleiche fragen. Das würde aber auch nichts ändern."

"Aha. Verrätst du mir, was du nun tun willst? Du hast doch immerhin drei Möglichkeiten, sagt die Logik."

"Ich weiß es doch auch nicht", antwortete der kleine Fluss hoffnungslos. "Ich will nicht stehen bleiben und mich damit abfinden. Aber fließen kann ich auch nicht."

"Und was ist mit der dritten Möglichkeit?"

"Die Logik noch mal fragen? Im Moment nicht. Sie war eh schon so mürrisch und genervt. Ich wäre ein Jammerfluss und ein Versager, dreh mich laufend im Kreis und wäre kindisch, sagte sie."

"Wieso das denn?"

"Na weil ich in einer Traumwelt lebe und noch an den Weihnachtsmann glauben würde. Ich solle endlich aufwachen."

Das Herz sah ihn mitfühlend an.

"Das tut weh, wenn man solche Dinge gesagt bekommt."

"Ja", schniefte der kleine Fluss. "Und *wie* das weh tut."

"So ist sie eben, die Logik. Ich sagte dir doch, von Gefühlen hat sie überhaupt keine Ahnung."

"Stimmt, sonst hätte sie mir nicht so gemeine Sachen gesagt."

"Sie sieht eben alles sehr nüchtern und sachlich. Emotionen hat sie keine und Gefühle auch nicht. Darum kann sie auch kein Mitgefühl haben."

"Das hat sie wirklich nicht", schimpfte der kleine Fluss. "Sie hat auch noch gesagt, du wärst ein Möchtegern-Schlaumeier, der nur Märchen aus Tausendundeiner Nacht erzählen und in jedem stinkenden Misthaufen nach Gold suchen würde."

"Ach wirklich?", grinste das Herz.

"Findest du das etwa lustig?"

"Na ja, warum auch nicht? Das sagt sie immer über mich, doch sogar bei ihr habe ich schon Gold gefunden. Aber Märchen… Nein, Märchen erzähle ich keine, nur sehe ich die Dinge eben ganz anders als sie."

"Ist ja auch logisch!"

Der kleine Fluss musste unwillkürlich kichern und warf dem Herz einen verschwörerischen Blick zu.

"Ganz genau."

Ach, wieso konnte er sich nicht immer so leicht und unbeschwert fühlen wie im Moment? Es tat so gut, sich mit dem Herz zu unterhalten. Dabei fühlte er sich immer pudelwohl, ganz anders als bei der Unterhaltung mit der Logik. Auch wenn diese keine gemeinen Dinge sagte, sondern nur ganz sachlich war, ihn fröstelte jedes Mal dabei.

"Hör mal, Herz, eine Sache verstehe ich nicht so ganz. Bisher dachte ich immer, wenn etwas logisch ist, muss es auch richtig sein."

"Jetzt etwa nicht mehr?"

"Ich weiß nicht. Wenn es richtig ist, muss es sich doch auch so anfühlen, oder nicht?"

"Du sagst also, wenn es logisch ist, ist es richtig. Wäre es dann nicht logisch, dass sich das, was richtig ist, auch gut anfühlt?"

"Ja, logisch wäre es schon."

56

"Warum fühltest du dich dann so schlecht bei dem, was dir die Logik sagte, wenn es logisch und richtig ist?"

"Gute Frage", brummte der kleine Fluss. "Das wüsste ich auch gerne. Vielleicht, weil es doch nicht gut ist?"

"Wenn es aber nicht gut ist, kann es doch nicht richtig sein, oder?"

"Wie meinst du das, Herz? Ich verstehe irgendwie gar nichts mehr."

"Schau, kleiner Fluss. Du sagst, es ist richtig, dass ein Fluss fließt. Wenn er fließt, ist es gut. Oder nicht?"

"Ja, sicher."

"Das heißt also, wenn es richtig ist, ist es gut. Stimmt's?"

"Ja, ganz genau!"

"Wenn ein Fluss nun *nicht* fließt, sondern steht, so wie du... Ist das auch richtig und gut?"

"Nein! Das ist nicht gut und richtig ist es auch nicht."

"Wenn es nicht gut ist und auch nicht richtig, ist es also falsch."

"Ja, ganz genau, Herz!", jubelte der kleine Fluss erfreut.

"Nun frage ich dich noch mal. Wieso fühlst du dich nicht gut, wenn die Logik dir solche Dinge sagt, wie sie es getan hat?"

Der kleine Fluss schnipste mit den Fingern.

"Jetzt versteh ich es. Weil es falsch ist!"

"So ist es, kleiner Fluss. Und warum ist es falsch?"

"Weil es sich nicht gut anfühlt."

"Stimmt, kleiner Fluss. Jetzt hast du es verstanden."

Erleichtert atmete der kleine Fluss auf, doch dann verschwand plötzlich sein Lächeln.

"Du, Herz? Ich glaube, das stimmt aber doch nicht. Es fühlt sich nicht gut an, also ist es falsch, sagst du. Aber ich sehe es doch, dass es richtig ist. Herz, da passt irgendetwas nicht."

"Was siehst du?"

"Dass die anderen mir schaden wollen. Ich sehe doch, dass das stimmt! Sie lassen mich alleine, trinken mein Wasser weg und haben alle nur ihren eigenen Vorteil im Auge. Sie sind gemein zu mir. Darum fühle ich mich auch traurig, hilflos und enttäuscht."

"Nun widersprichst du dir schon wieder. Du siehst, es stimmt und ist damit richtig. Und trotzdem fühlst du dich schlecht."

Der kleine Fluss stöhnte auf. Vielleicht war sein ganzes Hirn davon geschwommen oder es war inzwischen genauso dunkel und trüb wie sein Wasser. Ihm wurde das langsam alles zu viel.

"Das ist es doch genau, was mich so verwirrt, Herz. Einmal ist es richtig und ich fühl mich schlecht. Dann ist es richtig und ich fühl mich gut. Das gibt's doch nicht, außer... Vielleicht fühle ich ja falsch?"

Das Herz lachte leise auf.

"Nein, kleiner Fluss. Du fühlst nicht falsch. Fühlen kann man immer nur richtig. Man kann sehr wohl etwas falsch sehen, falsch hören oder auch falsch denken, aber nicht falsch fühlen."

"Ich glaube, Herz, du willst mich wirklich auf den Arm nehmen. Ich kann doch nichts falsch sehen. Ich sehe doch, was ich sehe!"

"Sieh dir mal die Tiere, die Pflanzen und die Steine an. Was tun sie wirklich?"

"Sie wollen mir schaden und nutzen mich aus."

"Und darum kannst du nicht mehr fließen?"

"Ganz genau, Herz. So ist es."

"Aber vorher, als du noch geflossen bist, da waren sie doch auch alle da. Haben all die Tiere, die Pflanzen und die Steine damals etwas anderes gemacht als später?"

Der kleine Fluss dachte angestrengt nach.

"Nein... Eigentlich nicht."

"Als du geflossen bist, ging es dir da gut?"

"Und wie! Alles war wunderbar."

"Wieso war es dann auf einmal damit vorbei und es ging dir plötzlich nicht mehr gut?"

"Weil ich nicht mehr fließen konnte, deshalb!"

"Warum hast du dann aufgehört damit?"

"Was für eine dumme Frage! Na weil es nicht mehr ging!", brauste der kleine Fluss auf.

"Warum ging es nicht mehr? Was ist passiert?"

"Was passiert ist? Das kann ich dir sagen, Herz. Ich habe auf einmal gesehen, wie gemein die anderen zu mir waren. Als ich das erkannt habe, konnte ich nicht mehr fließen."

"So war das also!" Das Herz sah ihn erstaunt an. "Du hast es gesehen und von da an bist du stehen geblieben."

"Natürlich, ist doch logisch, oder nicht?"

"Logik, kleiner Fluss, ist immer nur *eine* Sichtweise, nämlich die der Logik und ihres besten Freundes, dem Verstand. Die beiden arbeiten immer Hand in Hand und häufig auch mit der Erinnerung zusammen. Du siehst etwas mit den Augen, dein Verstand beginnt zu rattern und die Erinnerung flüstert ihm eine ähnliche Situation zu. Das kann eine sein, in der du selbst einmal warst oder auch eine, die jemand anderem passiert ist. Eine, von der du erfahren hast. Dann folgern die Freunde, wenn das einmal passiert ist, muss es wieder passieren. Denn das ist für sie logisch und verständlich. Und schon hast du ein Problem, über das du anfängst, nachzudenken."

"Ja klar, das ist noch ganz normal, dass ich darüber nachdenke. Ich muss doch schließlich das Problem lösen."

"So ist das also! Du musst deinen Verstand und die Logik fragen, welche Lösung es gibt?"

"Natürlich, was soll ich denn sonst tun? Däumchen drehen? Dadurch verschwindet das Problem auch nicht."

"Hast du denn schon nachgedacht, kleiner Fluss?"

"Ja und wie! Ich zermartere mir laufend den Kopf darüber, wie ich wieder fließen kann."

"Dann hast du die Lösung doch sicher schon gefunden, oder?"

"Nein", brummte der kleine Fluss missmutig. " Die Lösungen, die mir die Logik gesagt hat, die gefallen mir nicht oder sie funktionieren nicht. Mir selbst ist nichts eingefallen. Sogar den Himmel habe ich schon mal gefragt, wie ich wieder fließen kann, aber der konnte mir auch keine Lösung geben."

Erstaunt sah das Herz den kleinen Fluss an.

"Wirklich nicht? Das kann ich mir gar nicht vorstellen."

"Doch, so ist es aber. Dem fiel nichts ein, außer dass er mir die ganze Schuld gab. War ja wohl nicht anders zu erwarten. Als wenn der einmal zugeben würde, Mist gebaut zu haben. Lieber schiebt er die Schuld auf andere", maulte der kleine Fluss. "Nämlich auf mich."

"Das ist ja interessant. Er sagte also, du selbst bist schuld daran, dass du nicht mehr fließen kannst?"

"Alles wäre nur meine Schuld. Ich selbst hätte einfach aufgehört, zu fließen."

"Hast du?"

"Na hör mal! Es ging doch nicht anders. Die anderen haben mich ja alle aufgehalten und der Himmel selbst hat zugegeben, mir all das geschickt zu haben!"

"Ach sieh mal an." Das Herz begann zu grinsen. "Dich trifft also gar keine Schuld, sondern alle anderen?"

"Ist doch so! Hab ich dir doch gerade erklärt. Aber was grinst du jetzt so? Ich finde das gar nicht lustig."

"Entschuldige, kleiner Fluss, ich kann gerade nicht anders. Noch vor ein paar Minuten sagtest du, der Himmel schiebt immer nur die Schuld auf andere, gibt aber niemals etwas zu."

"Ja und? Stimmt doch!", blaffte der kleine Fluss. "Und jetzt hör mit der Grinserei auf! Das ist überhaupt nicht lustig! Alle hackt ihr nur auf mir herum. Ihr seid gemein zu mir!"

"Auch wenn du es sicher nicht gerne hörst: Was machst du denn jetzt gerade? Übernimmst du die Verantwortung für dich selbst oder schiebst du vielleicht auch die Schuld auf andere?"

"Also das ist jetzt unverschämt von dir. Ich schiebe doch nicht…" Der kleine Fluss brach plötzlich ab. "Oh!", sagte er dann ganz verlegen.

"All die anderen sind schuld und der Himmel auch. Das war doch dein Wortlaut, oder nicht?"

"Schon, aber… Die tragen ja auch die ganze Schuld daran,

dass ich nicht mehr fließe. Ich dachte wirklich darüber nach und das war die Lösung des Ganzen."

"Worüber dachtest du nach?"

"Wieso ich nicht mehr fließe. Ich kann es nicht mehr, weil sie mich einfach nicht lassen."

Das Herz schüttelte den Kopf.

"Das kann nicht sein, kleiner Fluss. Das wäre - wie du immer sagst - völlig unlogisch."

"Wieso unlogisch? Niemand vergönnt es mir, dass ich fließe, sagt die Logik. Darum halten sie mich alle auf und deshalb kann ich nicht mehr fließen. Das ist doch absolut logisch."

"Ist es das? Die anderen haben doch nichts anders gemacht, als vorher auch. Immer schon kamen Tiere an dein Ufer, um zu trinken. Immer schon wuchsen Pflanzen am Ufer und in deinem Flussbett. Sogar die Fische und Steine waren immer schon da. Trotzdem bist du größer und breiter geworden und vor allem immer geflossen. An denen kann es also nicht liegen. Alles war wie immer. Doch du bist plötzlich einfach stehen geblieben. Warum, kleiner Fluss? Weil die anderen genau das taten, was sie immer schon taten? Niemand hat irgendetwas anders gemacht als vorher... Nur du."

"Stimmt doch gar nicht", brummte der kleine Fluss starrsinnig. "Je größer ich wurde, umso mehr Tiere kamen, die Pflanzen wurden größer und die Fische vermehrten sich."

"Es war also nichts anders als vorher, denn *alles* wurde mehr. Du führtest doch auch mehr Wasser mit dir, als du größer und breiter wurdest. Oder nicht?"

"Ja doch!", brauste der kleine Fluss auf. "Aber das mussten ja die anderen sofort ausnutzen."

"Das ist auch nur *eine* Sichtweise. Weißt du noch, was der Himmel dir gesagt hat?"

"Ja, alles hat immer zwei Seiten. Aber hier sehe ich absolut keine zweite."

"Ich schon."

"Na klar, du wieder. Typisch Herz eben. Dann sag's mir, wo

ist die andere Sichtweise?"

Das Herz lachte amüsiert auf.

"Natürlich ist das typisch Herz. Ich bewerte andere nicht. Ich betrachte sie mit den Augen der Liebe, nicht mit dem Verstand oder der Logik. Weil ich weiß, dass bei Gefühlen wie der Liebe der Verstand und die Logik überhaupt nicht mitreden können. Von Gefühlen verstehen sie nämlich rein gar nichts. Und vor allem können sie einem Dinge vorgaukeln, die gar nicht wirklich so sind."

"Was für ein Unsinn. Als wenn der Verstand und die Logik lügen würden! *Du* erzählst doch Märchen aus Tausendundeiner Nacht… sagt die Logik."

"Lass sie reden, kleiner Fluss. Aber ich sprach nicht vom Lügen. Sie sehen alles nur aus ihrem eigenen Blickwinkel und der beruht ausschließlich auf dem, was sie sehen *wollen*. Das muss aber nicht immer richtig sein."

"Ach nein? Wenn ich es doch sehe, dann ist es real und damit ist es da."

"Sagt dein Verstand und die Logik."

"Ja klar doch. Willst du allen Ernstes behaupten, was ich sehe, ist nicht real?", empörte sich der kleine Fluss. "Ich sehe es doch! Wenn ich etwas nicht sehen kann, dann gibt es das auch nicht."

"Ist das so, kleiner Fluss?"

"Na logisch. Nenn mir irgendetwas, das es gibt, was ich nicht sehen kann."

"Das hatten wir vorhin schon. Weißt du nicht mehr, die Wärme der Sonnenstrahlen?"

"Ach so, ja… Ich erinnere mich. Aber das ist sicher nur eine Ausnahme."

"Kannst du denn die Angst und ihre Geschwister sehen? Oder die Ausnutzung?"

"Ja klar kann ich die sehen."

"Aha. Wie sehen sie alle aus? Beschreib sie mir doch bitte."

"Was heißt beschreiben? Das versteh ich nicht. Ich sehe all

das doch."

"So, wie du einen Stein oder einen Fisch siehst?"

"Ja klar!"

"Dann kannst du sie auch beschreiben, kleiner Fluss. Der Stein dort am Ufer ist ungefähr so groß wie ein erwachsener Igel. Seine Farbe ist grau mit ein paar weißen Sprenkeln. Auf der Oberseite fehlt ihm ein kleines Stück und er wiegt ungefähr ein Kilo. Nun bist du an der Reihe. Beschreib mir bitte die Angst. Wie sieht sie aus?"

"Sie fühlt sich scheußlich erdrückend an, als wenn sich alles in mir zusammenziehen würde und -"

"Entschuldige, kleiner Fluss, ich fragte dich nicht danach, wie sie sich *anfühlt*, sondern wie sie *aussieht*. Welche Farbe hat sie? Wie schwer und wie groß ist sie? Was wiegt sie?"

"Das… Das weiß ich doch nicht", stotterte der kleine Fluss.

"Wieso nicht?", fragte das Herz. "Du sagtest, du kannst sie sehen, so wie einen Stein auch. Dann kannst du sie mir beschreiben. Also, wie sieht sie aus?"

"Ich weiß es nicht. Aber ich sehe doch -"

"Du weißt es nicht? Kannst du mir dann die Ausnutzung beschreiben?"

"Sicher doch. Das ist, wenn jemand aus einem anderen immer nur seinen Vorteil zieht und der andere dann -"

"Kleiner Fluss, *wie sieht sie aus*? Welche Farbe hat sie? Ist sie rund oder eckig? Länger als dieser Grashalm hier? Ist sie so schwer wie der Stein dort am Ufer?"

"Du redest Unsinn, Herz. So kann man die Ausnutzung doch nicht beschreiben."

"Wieso nicht? Wenn du etwas mit den Augen sehen kannst und es real ist, so wie dieser Stein hier, dann kannst du es auch beschreiben."

"Sie *ist* real und ich *kann* sie sehen, aber eben nicht so."

"Jetzt verwirrst *du* mich, kleiner Fluss. Wie siehst du sie denn?"

"Na… Wenn die Tiere mein ganzes Wasser trinken, geht's

ihnen gut und ich trockne aus. So sieht die Ausnutzung aus."

"Ach du meinst, du siehst nur ihre Resultate, ihre Auswirkungen?"

"Ja klar, aber die sehe ich tatsächlich."

"Du siehst also, dass die Tiere dein Wasser trinken, also denkst du, sie nutzen dich aus. Richtig?"

"Ja klar, und wie!"

"Du siehst, dass die Fische in dir die kleinen Algen fressen und sie dir damit wegnehmen, also denkst du, sie nutzen dich aus. Richtig?"

"Absolut."

"Und du siehst, dass die Steine sich von dir streicheln lassen, ohne dir was dafür zu geben, also nutzen sie dich aus. Auch richtig?"

"Ja sicher doch. Da siehst du sie selbst, die Ausnutzung."

"So denkst du also, weil du das alles siehst?"

"Ganz genau, so denke ich und so sehe ich das", sagte der kleine Fluss und nickte trotzig.

"Und deshalb hast du aufgehört zu fließen?"

"Ja, damit sie nicht mehr von mir profitieren können. Von ihnen bekomme ich ja nichts dafür. Aber das ist jetzt vorbei, ein für alle Mal. Die kriegen von mir nichts mehr. Sie haben mich nur benutzt und waren gemein zu mir."

"Hm", machte das Herz. "Wenn ich dir nun sage, dass die Fische dich *nicht* ausnutzen, sondern dir sogar einen Gefallen tun und helfen, was würdest du dann denken?"

"Sie helfen mir? Das ist doch Unsinn. *Das* würde ich denken."

"Aha. Aber du weißt doch, dass es nichts im ganzen Universum gibt, das nur eine Seite hat, oder?"

"Ja klar", höhnte der kleine Fluss. "Jetzt kommst du auch mit diesem dummen Spruch daher, wie der Himmel. Mag ja bei den meisten Dingen so sein, aber wenn mich einer ausnutzt, wo soll denn da bitte die zweite Seite dabei sein? Die eine Seite ist Ausnutzung. Ist die andere eventuell noch größere

Ausnutzung? Pah!"

"Ach, kleiner Fluss. Es gibt immer eine helle und eine dunkle Seite. Ausnutzung und noch größere Ausnutzung wäre dann genau wie schwarz und schwärzer. Doch schwärzer als schwarz geht's doch nicht. Schwarz ist bereits ganz dunkel. Streng dich an und denke nach. Du denkst doch so gerne."

Das Herz sah den kleinen Fluss mit einem spitzbübischen Grinsen an und zwinkerte ihm zu.

"Na toll! Machst du dich jetzt über mich lustig, du dummes Ding?", brauste er auf. "Im Gegensatz zu dir kann ich wenigstens denken, du nicht! Du siehst doch alles nur in Rosarot und Himmelblau. Als wenn das im realen Leben irgendwas nützen würde. Nur wegen dir gibt's die ganzen Probleme und nur wegen dir wird man ausgenutzt und kaputtgemacht. Auf dich kann man wirklich verzichten. Da ist mir mein Verstand schon tausendmal lieber und die Logik auch. Die sehen die Dinge wenigstens so, wie sie wirklich sind, und gaukeln mir keine bonbonfarbigen Illusionen vor, so wie du. Die finden immer eine Lösung. Du dagegen, wenn dir nichts mehr einfällt, dann brabbelst du nur etwas von zwei Seiten und versuchst, an den Haaren irgendwas herbeizuziehen, was den ganzen Mist besser aussehen lässt. Wenn man es dann nicht genauso sieht wie du, dann ziehst du dich ganz schnell aus der Affäre, indem du einfach in Zigtausend Teile zerbrichst. Ich sag dir was, Herz: Du veräppelst einen nur, dich braucht keiner! Du gaukelst einem zuckersüße Träume vor und das so lange, bis man die Augen zumacht und anfängt, mitzuträumen. Alles ist wunderbar und traumhaft schön, bis dann der Schlaf vorbei ist und man wieder aufwacht. Ewig schlafen kann schließlich keiner. Ist man dann wieder wach, erschlägt einen die Realität und die, die sieht komplett anders aus als deine kitschig-bunten Träumchen und dein Liebesgefasel. Wer auf dich hört, du dummes Herz, braucht sich nicht wundern, wenn alles plötzlich in Schutt und Asche liegt. Daran bist nur du schuld! Du ganz allein! Sei jetzt ruhig beleidigt, das ist mir egal, aber auf dich höre ich nicht mehr. Du erzählst eh nur Mist. Hat auch die Logik gesagt! Nur deshalb kann ich nicht mehr fließen, weil ich auf dich und deinen Unfug gehört habe. Ich wünschte, ich könnte dich aus mir herausreißen und den Fischen zum Fraß vorwerfen. Und nun geh und lass mich in Ruhe!"

Wütend verschränkte der kleine Fluss die Arme vor der Brust. Er warf noch einen letzten bitterbösen Blick auf das Herz und drehte dann demonstrativ den Kopf in die andere Richtung.

"Wieso bist du denn so böse auf mich? Ich wollte nur -"

"Sei still und geh weg. Mit dir rede ich nicht mehr. Das ist mir zu dumm. Nur du bist schuld an allem."

"Du bist jetzt lediglich aufgebracht. Ich lasse dich erst einmal in Ruhe, du lieber, kleiner Fluss. Aber ich bin immer da für dich und bei dir. Wenn du es dir anders überlegst und wieder mit mir reden willst, dann gib mir einfach Bescheid."

"Pah!", stieß der kleine Fluss aus. "Darauf kannst du lange warten."

"Das macht nichts. Ich habe ganz viel Zeit und ganz viel Liebe und Hoffnung in mir. Ich kann warten. Nur eine Frage habe ich noch an dich, dann überlasse ich dich erst mal wieder deinen Gedanken, so wie du es wünschst. Darf ich?"

Der kleine Fluss zuckte gleichgültig mit den Schultern.

"Dann frag mich, meinetwegen. Solange du mich dann endlich in Ruhe lässt…"

"Versprochen. Aber du weißt, ich bin immer bei dir."

"Ja, schon gut, du dummes, überflüssiges Ding. Dann mach endlich. Ich hab wichtigere Dinge zu tun. Ich muss mir überlegen, wie ich wieder fließen kann und hab keine Zeit für sinnlose Unterhaltungen mit dir. Also, frag mich."

"Du sagst, ich alleine bin schuld daran, dass du nicht mehr fließen kannst, weil ich dir zu viele und zu schöne Träume vorgegaukelt hätte und nicht denken kann. Richtig?"

"Absolut! War das deine Frage?"

"Nein, ich wollte das nur noch mal bestätigt haben von dir.

Meine Frage an dich lautet: Warum hast du erst in dem Moment aufgehört zu fließen, als du angefangen hast, zu denken?"

Der kleine Fluss schnaubte auf.

"Ist doch logisch, weil ich -"

Plötzlich brach er ab und legte die Stirn in Falten.

"Weil du was?", hakte das Herz nach.

"Weil du dich eingemischt hast!"

"Habe ich das?"

"Ja, nur du bist schuld an allem."

"Ich habe nichts anderes getan als vorher auch. Ich habe dir Liebe und Freude gegeben. Dir ging es gut und du warst ein glücklicher, kleiner Fluss, der zielstrebig auf dem Weg zum Meer war und sich nicht aufhalten ließ. Du hast zwar gedacht, ich bin nicht da und ich rede nicht mit dir. Du hast nicht bemerkt, dass ich es war, weil du mich nicht gesehen hast und auch nicht geglaubt hast, dass du mich hören kannst. Aber du hast es trotzdem getan, auch wenn es dir nicht bewusst war. Ich war die ganze Zeit bei dir und habe dir immer ganz leise zugeflüstert, dass dein Leben schön ist und alles wunderbar fließt, so wie du. Du hattest riesigen Spaß an allem und du hast jeden Tag genossen. Du hast dich über die Tiere gefreut, über die Pflanzen, die Steine und auch über die Sonne, deren Strahlen dich wie ein Meer aus Diamanten glänzen ließen. Jeden Abend warst du dankbar dafür, deinem Traum, dem Meer, wieder ein kleines Stückchen näher gekommen zu sein und du warst dir ganz sicher, bald dort anzukommen. Jedenfalls, bis du angefangen hast, mir nicht mehr zuzuhören, sondern nur noch deinem Verstand und der Logik. Sag mir nun bitte, kleiner Fluss, warum hast du in dem Moment aufgehört glücklich zu sein und bliebst einfach so stehen, als du damit angefangen hast?"

"Weil ich -"

Wieder brach der kleine Fluss ab, überlegte einen Moment und zuckte dann mit den Schultern. Er fühlte sich gerade ziemlich verwirrt und hilflos.

"Weil ich… Weil du… Weil…"

"Weil?"

"Ach lass mich in Ruhe", brummte er.

"Gleich, kleiner Fluss. Antworte mir vorher bitte. Weil?"

"Weil… Ich hab jetzt keine Zeit und Lust, dir das zu erklären. Ich muss nachdenken."

Das Herz unterdrückte mühsam den Anflug eines Schmunzelns.

"Ich weiß, kleiner Fluss, warum du keine Zeit und Lust hast, mir zu antworten. Ich weiß es."

"Ach ja, du Schlaumeier und Besserwisser? Du siehst doch, dass ich zu tun habe. Aber sag ruhig, was du angeblich weißt, ich bin neugierig."

"Ich weiß, dass du dich ganz darauf konzentrierst, nicht zu fließen und unglücklich zu sein. Da kannst du gar keine Zeit haben. Und Lust schon gar nicht, weil du lieber im Selbstmitleid ertrinkst und damit beschäftigt bist, die Schuld bei allen anderen zu suchen. Darum kannst du mir auch nicht antworten. Stimmt's oder hab ich recht?"

Der kleine Fluss spürte, wie ihm das Blut in den Kopf schoss und seine Wangen zu glühen anfingen. So ganz unrecht hatte dieses dumme Herz nicht damit.

"Blödsinn!", knurrte er. "Ich muss einfach in Ruhe nachdenken. Darum hab ich keine Zeit und Lust hab ich keine, weil du sowieso nichts verstehst, was ich dir sage. Basta!"

"Na, wenn das so ist…", kicherte das Herz und streichelte dem kleinen Fluss liebevoll über den Kopf. "Dann wünsche ich dir aus ganzem Herzen viel Spaß und Erfolg beim Nachdenken."

"Ja. Und nun lass mich in Ruhe, klar?"

"Ich bin hier und warte auf dich, egal wie lange es dauert. Nimm dir ruhig Zeit."

"Und tschüss!"

Der kleine Fluss zog sich ganz tief in sein Flussbett zurück. Er musste wirklich nachdenken. Zu viele Dinge gingen ihm durch den Kopf, Dinge, die ihn maßlos verwirrten.

Als er mit dem Himmel sprach, schien es ihm klar und einleuchtend, was dieser ihm mitteilte. Auch das, was ihm das Herz erzählte, war nachvollziehbar und verständlich. Aber das, was ihm sein Verstand, die Logik und die Realität sagten, war es genauso. Was ihn am meisten irritierte war, dass all das im krassen Gegensatz stand: Himmel und Herz standen gegen Kopf und Realität. Die Frage war nur, welche Seite hatte recht und welche nicht?

Das, was ihm die Fakten, die Logik und die Realität vermittelten, war nicht von der Hand zu weisen. Der kleine Fluss wusste ganz genau, dass er all diese Dinge doch direkt vor seiner Nase hatte und sehen konnte. Er sah doch mit seinen eigenen Augen, dass sein Wasser trüb und dunkel war, die Tiere und Pflanzen weg waren und er nicht mehr fließen konnte. Niemand wollte mehr mit ihm zu tun haben, nicht einmal mehr die Sonne. Auch sie ließ ihre Strahlen nicht mehr auf ihm tanzen. Er lag still und unbeweglich in seinem Flussbett. Nichts ging mehr vorwärts. Logischerweise hieß das, dass er so niemals an seinem Ziel, dem Meer, ankommen würde. Was nicht im Fluss war, bewegte sich nicht. Was sich nicht bewegte, kam nicht vorwärts. Was nicht vorwärts kam, blieb stehen und konnte daher niemals irgendwo anderes ankommen. Logischer ging es doch nicht.

Genauso logisch war, dass irgendjemand daran schuld sein musste. Ein kleiner Fluss blieb nicht einfach so, von einer Sekunde auf die andere, plötzlich stehen. Himmel und Herz behaupteten, er selbst wäre dafür verantwortlich, niemand sonst. Das konnte aber nicht sein, das war Lüge. Niemals hätte er selbst irgendetwas getan, um sich seinen Weg zum Ziel zu verbauen. Es gab nichts, was er sich mehr wünschte, als eines Tages ans Meer zu gelangen, es zu umarmen und frei und sorglos mit ihm gemeinsam in den Wellen zu treiben. Die einzig logische Antwort war, es musste jemand anderes dafür verantwortlich sein. Irgendwer vergönnte ihm diesen Traum nicht, wollte ihn aufhalten und blockieren.

Der kleine Fluss ließ seine Gedanken wandern, weit zurück in die Vergangenheit und betrachtete erneut den ganzen langen Weg von der Quelle, der er einmal entsprang, bis hierher, wohin er schon gekommen war. Irgendwo dort musste die Lösung für sein Problem liegen. Anders konnte es nicht sein. War doch logisch!

Am Anfang war alles wunderbar leicht gewesen, ganz spielerisch und voller Vergnügen. Die Neugierde wuchs mit jedem einzelnen Tröpfchen aus der Quelle. Je größer die Pfütze wurde, mehr war er ja am Anfang nicht, umso aufgeregter wurde er. Was würde noch alles passieren? Was kam auf ihn zu? Es fühlte sich herrlich an.

Am Morgen, wenn er aufwachte, freute er sich unbändig auf den Tag und auf die Überraschungen, die dieser ihm bringen würde. Jedes einzelne Tröpfchen, so klein es oft auch war, ließ ihn in Jubel und Begeisterung ausbrechen. Es machte immensen Spaß zu sehen, wie er ganz langsam, aber stetig, immer größer wurde. Zuerst kaum mehr als ein winziger Wasserfleck auf dem matschigen Erdboden, dann endlich eine kleine Wasserlache und eines Tages ein richtige Pfütze.

Er war unheimlich stolz auf sich, als ihn eine Mücke besuchen kam. Denn das hieß, er war nicht mehr unübersehbar, er wurde bemerkt und er wurde gebraucht. Die Mücke nahm nämlich einen winzigen Schluck aus seinem Pfützenwasser. Sie bedankte sich überschwänglich bei ihm und erzählte, welch riesigen Durst sie litt und wie sehr er ihr half. Was für ein herrliches Gefühl!

Die kleine Pfütze, die er war, erfüllte einen guten Zweck. Sie hatte einen Sinn. Mit dem Wasser, das er all die Zeit sorgsam angesammelt hatte, konnte er jetzt anderen helfen, auch wenn es nur eine winzige Mücke war. Nun erwachte in ihm der Wunsch, auch anderen kleinen Insekten helfen zu können.

Eifrig sammelte er weitere Wassertröpfchen, immer bemüht, sie festzuhalten. Und siehe da, einige Zeit später stellte er fest, dass er zu einem kleinen Tümpel geworden war. Nun bedankte er sich voller Freude bei der Quelle, die ihm dabei geholfen hatte. Er bedankte sich auch beim Erdreich unter ihm, das so dicht und undurchlässig war, dass das Wasser nicht versickerte. Ohne die beiden hätte er das niemals geschafft.

Eines Tages besuchte ihn eine Libelle. Sie sah ihn trotz der hohen Gräser, die an seinen Seiten wuchsen. Auch sie trank einen winzigen Schluck Wasser, kaum dass er ihn vermisste und fing für ihr Abendessen eine Mücke. Ein paar Tage später legte sie vorsichtig an seinem Ufer ein paar Larven ab. Die Libelle bedankte sich aus ganzem Herzen bei ihm, dass er sie mit Nahrung versorgte und sie dabei unterstützte, für Nachkommen zu sorgen. So viele Möglichkeiten boten sich ihr nicht dafür, sodass sie seine Hilfe umso mehr zu schätzen wusste. Sie versprach ihm auch, ihn regelmäßig zu besuchen. Jedes Mal unterhielt sie sich mit ihm und erzählte ihm spannende Geschichten aus der Umgebung und was es dort alles zu sehen gab.

Der kleine Fluss, der damals noch ein kleiner Tümpel war, wurde so neugierig und aufgeregt, dass er immer mehr Wassertröpfchen sammelte. Er konnte es fast nicht erwarten, all diese Dinge mit eigenen Augen zu sehen. Natürlich war es viel Arbeit für ihn und einfach war es auch nicht, das ganze Wasser ständig zusammenzuhalten. Es war anstrengend und manchmal, wenn er müde war oder nicht richtig aufpasste, versickerte ein bisschen von dem Wasser im Erdreich. Umso mehr bemühte er sich am nächsten Tag, alles richtig zu machen, damit er diesen Rückschlag wieder wettmachte. Voller Elan stürzte er sich darauf und er schaffte es, immer und immer wieder. Von nichts ließ er sich beirren, er wollte größer und größer werden.

Eines Morgens erwachte er, weil ihn irgendetwas an der Nase kitzelte. Noch schläfrig, öffnete er die Augen und sah sich um. Das, was ihn kitzelte, war ein kleiner Sonnenstrahl, der sich den Weg durch die ganzen Gräser um ihn herum gebahnt hatte und nun auf seinem Wasser tanzte. Zuerst wollte er den übermütigen Sonnenstrahl ausschimpfen, weil er ihn aufweckte. Doch als der kleine Tümpel sah, wie das Wasser auf seiner Oberfläche glitzerte, war sein Zorn wie weggeweht. Er war sprachlos vor Begeisterung. So etwas Schönes hatte er noch nie vorher gesehen. Seine Oberfläche funkelte so leuchtend hell, als würden in seinem Tümpelbett Diamanten liegen.

Er konnte es kaum erwarten, bis ihn die Libelle besuchen kam. Was würde sie dazu sagen? Während er auf sie wartete, arbeitete er eifrig weiter, sammelte weiter Wassertröpfchen und hielt sie fest zusammen. Die Quelle und das Erdreich bat er, ihm weiter zu helfen, damit er wachsen könne. Nur gemeinsam, wenn sie fest zusammenhielten, konnte er es schaffen, größer zu werden. Das wusste er. Deshalb vergaß er auch nicht, sich bei ihnen für all die Hilfe bisher zu bedanken. Ohne sie hätte er es nie so weit gebracht.

Die Quelle und das Erdreich freuten sich sehr darüber und versprachen ihm jegliche Unterstützung. Auch sie waren stolz auf den kleinen Tümpel, beobachteten sie doch täglich seine Bemühungen, alles richtig zu machen und seine anstrengende Arbeit. Egal wie müde er oft war, er gab nie auf. Vor allem bewunderten sie ihn dafür, dass er all diese schwere Arbeit auf sich nahm, um anderen helfen zu können und ihnen auch ein schönes Leben zu ermöglichen. Sie sahen jeden Tag, wie fröhlich er all die Insekten begrüßte, die ihn besuchten, wie er sich mit ihnen unterhielt, sich die Neuigkeiten aus der Umgebung erzählen ließ, aber auch ihre Sorgen und Nöte. Immer hatte der kleine Tümpel ein paar liebe Worte für sie übrig und ließ sie nie im Stich. Er war ein glücklicher, kleiner Tümpel, der alle, die ihn besuchen kamen, an seiner Lebensfreude teilhaben ließ. Jedem Insekt rief er herzlich hinterher:

72

"Danke für deinen Besuch. Ich freue mich schon auf den nächsten. Pass gut auf dich auf!"

𝕰ines Morgens wachte er auf und fühlte sich komisch. Irgendetwas war ganz anders als bisher und er fror fürchterlich. Hatte die Sonne etwa verschlafen, die ihn sonst wärmte? Er sah sich um. Nirgendwo konnte er sie entdecken. Am Himmel über ihm hingen nur schwere, dunkle Wolken und es regnete in Strömen. Sein Wasser glitzerte nicht. Kein Insekt kam ihn besuchen, auch die Libelle nicht, die sonst jeden Tag kam. Er fühlte sich ganz einsam und wurde sehr traurig. Das gefiel ihm überhaupt nicht.

"Wieso ist die Sonne nicht mehr da? Wieso habt ihr sie verschwinden lassen?", schimpfte er die Regenwolken. "Ihr seid gemein. Nur wegen euch ist mir kalt, mich besucht niemand und ich bin ganz alleine. Euch braucht doch niemand. Keiner will euch haben. Wieso tut ihr so etwas?"

"Sei nicht wütend und traurig, kleiner Tümpel", versuchten ihn die Regenwolken zu beruhigen. "Heute dürfen wir arbeiten, weil die ganzen Wiesen und Felder ringsherum ausgetrocknet sind. Auch sie haben Durst und brauchen Wasser. Das, was sie nicht brauchen, sickert durch die Erde und sammelt sich dort. Das pumpen die Menschen in ihre Häuser und haben dann auch wieder Wasser."

"Aber ich bin doch da und kann ihnen helfen und Wasser geben. Sagt schon, was habt ihr mit der Sonne gemacht? Habt ihr sie irgendwo eingesperrt oder habt ihr sie ertränkt? Dann geht nach Hause und holt uns eine neue Sonne. Die ist viel schöner und wärmer als ihr. Alles sieht heute so grau und kalt aus, nur weil ihr da seid."

"Natürlich ist alles schöner und wärmer, wenn die Sonne hier ist. Aber die Sonne kann euch kein Wasser geben. Das können nur wir. Darum braucht ihr uns auch. Sogar deine Quelle braucht uns. Ohne uns wird sie eines Tages versiegen.

Dann kann sie dir kein Wasser mehr geben und auch du wirst dann austrocknen, kleiner Tümpel. Leider sind wir nicht so schön und auch nicht so warm wie die Sonne. Nur selten freut sich jemand, wenn wir da sind und arbeiten. Die meisten schimpfen immer auf uns. Aber wir sind genauso wichtig wie die Sonne. Der Himmel wusste ganz genau, wieso er uns beide geschaffen hat."

"Ach, der Himmel hat euch auch gemacht?", fragte der kleine Tümpel ganz verblüfft. "Aber wieso erschafft er so etwas Kaltes und Scheußliches wie euch? Ihr seid doch nur Spaßverderber!"

"Sag mal, kleiner Tümpel, woher denkst du eigentlich, dass das Wasser kommt, das dir deine Quelle gibt? Von der Sonne sicher nicht! Das ganze Wasser deiner Quelle, das du so eifrig sammelst, das kommt nur von uns! Also maul uns hier nicht so an, sondern sei lieber froh darüber, dass wir arbeiten. Sonst würdest du nämlich ruckzuck austrocknen. Du solltest uns lieber dankbar sein!", herrschten die Regenwolken ihn an.

"Ja, schon gut", murmelte der kleine Tümpel verlegen und zog den Kopf zwischen die Schultern. "Es tut mir leid, aber… Ihr seid trotzdem kalt und scheußlich. Spaß macht ihr mir auch nicht."

"Ach nein? Wer will denn unbedingt größer werden? Du doch, oder nicht?"

"Ja, schon, aber…"

"Was aber? Ist dir alten Schlafmütze noch nicht aufgefallen, dass du durch unsere Tropfen viel mehr Wasser bekommst, ohne eigentlich einen Finger dafür rühren zu müssen? Auch die Quelle muss unseretwegen nicht so viel arbeiten wie sonst, sie bekommt ja auch unser Wasser geschenkt."

"Aber die Insekten können heute nicht fliegen und damit kein Wasser trinken. Sie werden verdursten wegen euch."

"Was für ein Unsinn! Unser Wasser liegt überall auf den Gräsern. *Das* können die Insekten trinken. Die sind nicht so undankbar und unflexibel wie du!"

74

"Entschuldigung. Das wusste ich doch nicht. Woher auch? Ich bin nur ein kleiner Tümpel und habe noch nicht viel von der Welt gesehen. Ich kann doch nichts dafür. Warum seid ihr also so böse zu mir?"

"Weil du egoistisch bist und nicht weiterdenkst, kleiner Tümpel. Du willst immer nur Spaß haben und alles muss so laufen, wie du es willst. Immer willst du deinen eigenen Vorteil aus allem ziehen. Wenn das mal nicht klappt, dann bist du beleidigt, fängst das Jammern an und bist wütend auf alle anderen. Was bildest du dir eigentlich ein? Dass es außer dir sonst niemanden gibt? Dass nur das wichtig ist, was du ganz alleine willst? Dass alle anderen nach deiner Pfeife tanzen müssen?"

"Nein, aber -"

"Doch, genauso denkst du. Du willst es warm haben, also muss die Sonne scheinen. Du willst Unterhaltung, also müssen dich die Insekten besuchen kommen. Du willst Spaß haben, also muss dein Wasser glitzern. Du willst größer werden, also muss die Quelle dir Wasser geben. Merkst du gar nicht, wie egoistisch du bist?"

"Ich bin nicht egoistisch."

"Doch, bist du! Alles muss nach deinem Dickkopf gehen. Die anderen interessieren dich gar nicht."

"Gar nicht wahr! Ich will doch nur deshalb größer werden, damit noch mehr Insekten aus mir trinken können. Ich will doch nur mein Wasser glänzen lassen, damit die anderen Insekten mich auch finden. Ich will doch nur den anderen helfen. Das ist doch nicht egoistisch."

"Und was ist mit der Quelle? Du willst doch, dass sie dir mehr Wasser gibt, damit du größer wirst, oder nicht?"

"Ja, weil ich dann mehr Insekten helfen kann."

"Schon mal dran gedacht, dass die Quelle auch irgendwo das Wasser hernehmen muss, das sie dir gibt? Dass sie auch hart arbeiten muss, um es dir geben zu können? Dass sie vielleicht Angst vor zu viel Sonne hat, weil sie dann eines Tages austrocknen könnte? Ihre Probleme interessieren dich doch gar nicht. Du willst nur haben, haben, haben. Immer geht es nur darum, was *du* willst. Von dir hört man immer nur: *Ich will*. Ich will dies, ich will das, ich will jenes. Was die anderen wollen, ist dir doch egal."

"Stimmt überhaupt nicht."

"Oh doch, stimmt schon. Oder wieso maulst du uns dann an?"

"Weil… Ihr seid einfach kalt und schön seid ihr auch nicht."

"Du meinst also, es muss alles immer schön sein?"

"Na ja", murmelte der kleine Tümpel. "Schöner wär's schon. Was ist denn falsch daran, wenn man Spaß und Freude haben will?"

"Nichts ist falsch daran. Aber wenn du immer nur Spaß und Freude hast, woher willst du dann wissen, dass du wirklich Spaß und Freude hast?"

"Das weiß ich, weil es Spaß macht und ich mich freue."

"Ach ja? Worüber willst du dich freuen? Dass alles gleich ist wie immer? Jeden einzelnen Tag? Freuen kann man sich nur dann, wenn etwas Neues, Anderes, Schönes passiert. Wenn alles gleich ist, immer und immer wieder, freut man sich nicht mehr darüber. Es ist dann nämlich Gewohnheit. Aus Gewohnheit wird Langeweile. Aus Langeweile wird Unzufriedenheit. Und dann geht das Gemaule los, obwohl alles genau so ist wie immer. Darum kann nicht immer alles nur Spaß machen. Es muss auch zwischendurch etwas anderes geben, damit man sich wieder daran erinnert, was Spaß und Freude ist. Noch eine Sache übersiehst du dabei, du kleiner, egoistischer Jammertümpel. Jeden Tag sammelst du dein Wasser und hältst es zusammen. Jeden Tag. Es ist immer wieder das Gleiche. Du weißt genau, wie du es machen musst und genau so machst du es auch jeden einzelnen Tag. Weil jeden Tag genau das Gleiche passiert und du die gleichen Bedingungen hast wie am Tag zuvor. Du musst dich weder großartig anstrengen noch dich bemühen, weil du dich daran gewöhnt hast. Du kennst jeden einzelnen Handgriff. Du glaubst, du bist stark, weil du schon was geschafft hast. Aber schon mal überlegt, dass es vielleicht auch andere Möglichkeiten gibt? Schon mal überlegt, dass es vielleicht auch anders geht? Schon mal überlegt, ob du vielleicht nicht *mehr* kannst als das, was du bisher getan hast? Sicher nicht, warum auch? Du kannst nur dann herausfinden, zu was du alles fähig bist, wenn du gefordert wirst. Dabei lernst du, noch stärker zu sein, kreativ zu sein, flexibel zu sein. Du lernst, etwas zu verändern, um Neues zu schaffen oder zu erreichen. Wenn du immer nur an dem Alten festhältst, wenn immer alles gleich ist, wirst du auch nie etwas anderes bekommen als das, was du schon hast. Wir haben dich neulich gehört, als du der Libelle erzähltest, du willst größer und eines Tages ein See oder ein Fluss werden. Vorm Schlafengehen hast du dann ganz leise vor dich hin gejammert, alles wäre so schwer und würde so lange dauern. Die Quelle könnte doch auch mal schneller arbeiten und dir mehr Wasser geben. Das Erdreich könnte sich auch vertiefen und zum Grund eines Sees werden oder zum Flussbett und nicht so herumtrödeln. Na, kleiner Tümpel, wieder mal die Verantwortung an andere abgegeben? Sollen die sich alle verändern, nur du nicht, stimmt's? Du willst weitermachen so wie bisher auch: Hier ein Tröpfchen, dort ein Tröpfchen und das war's. Und warum? Damit es für dich weiterhin schön gemütlich, bequem und einfach bleibt. Die Arbeit sollen sich doch die anderen machen. Hauptsache, du kannst weiterhin in deinen alten, gewohnten Dingen stehen bleiben. Nur nichts bei dir verändern. Das könnte anstrengend werden. Du bist und bleibst ein alter Egoist und ein Feigling noch dazu, du kleiner, fauler Jammertümpel! Du siehst doch nicht mal, dass auch in dem, was dir auf den ersten Blick keinen Spaß macht, was Gutes drin steckt. Wir mögen vielleicht kalt sein und nicht so lustig wie die Sonne. Aber wenn du mal anfangen würdest, weiterzudenken als bis zu deinem eigenen Tümpelrand, dann würdest du auch mehr sehen. Wach doch endlich mal auf, du Schlafmütze! Alles im Leben hat zwei Seiten, eine gute und eine weniger gute. Wenn du dir eine Seite ankuckst, vergiss nicht, auch die andere anzusehen. Vergiss aber auch nicht, dass an einer Seite auch wieder zwei Seiten sind. Nicht alles, was auf den ersten Blick nur gut ist, ist es auch zu hundert Prozent. Auch alles noch so Positive kann etwas Negatives haben. Und umgekehrt ist es genauso."

"Ja, aber -"

"Nichts aber. Wenn jeden Tag nur die Sonne scheint, mag es schön warm sein und die Welt sieht farbiger und schöner aus. Das ist sicher sehr positiv. Wenn aber *nur* die Sonne scheint, trocknet die ganze Welt aus und alles Leben verdurstet. Na, ist das immer noch so positiv und spaßig? Wenn es jeden Tag rund um die Uhr regnet, mag alles im Wasser ertrinken und davon gespült werden. Wenn es aber *nie* regnet, nur weil es eben nicht so lustig ist und keinen Spaß macht, würde auch alle Welt verdursten und vertrocknen, weil sie kein Wasser mehr hätte. Na, ist das immer noch so schlecht und negativ?"

Verlegen schüttelte der kleine Tümpel den Kopf, sagte aber nichts dazu.

"Dann denk erst einmal *richtig* nach, bevor du anfängst, herumzujammern und zu klagen. Damit bist du wahnsinnig schnell und warum? Nur weil es dir im Augenblick nicht in den Kram passt und du mit deinem Tunnelblick und deinen Scheuklappen nur auf *eine Seite* starrst. Obendrein lediglich auf *den* Teil der Seite, den du eben gerade sehen *willst*. Vor allem anderen verschließt du Augen und Ohren. Und jetzt geh wieder in dein Bett, denk in Ruhe und vor allem *objektiv und richtig* nach und lass uns unsere wichtige Arbeit machen!"

Als die Regenwolken ihn derart herunterputzten, entschied sich der kleine Tümpel verlegen, das zu tun, was sie ihm geraten hatten. Irgendetwas in ihm sagte leise, dass sie nicht ganz falsch lagen.

Der Regen dauerte den ganzen Tag und auch noch die ganze Nacht. Niemand besuchte ihn, daher hatte der kleine Tümpel viel Zeit, um über alles nachzudenken. Er dachte in eine Richtung, er dachte in die andere Richtung, er dachte auch weiter und um die Ecke. Und auf einmal wusste er, dass die Regenwolken über ihm wirklich die Wahrheit sagten. Alles stimmte bis ins Detail, das musste er vor sich selbst zugeben, wenn auch sehr ungern.

Die eigenen Fehler so ungeschminkt präsentiert zu bekommen, war sehr bitter und vor allem auch peinlich. Natürlich hätte er lieber alles abgestritten und natürlich hätte er lieber auf die Fehler anderer gezeigt. Schon alleine deshalb, weil es so viel einfacher war, andere zu kritisieren und zu verurteilen. Aber, das musste er sich dann auch eingestehen, es kam noch etwas anderes hinzu: Es ging bedeutend schneller.

Erst als er sich sehr viel Zeit nahm, um sich mit sich selbst zu beschäftigen und dabei feststellte, dass die Gründe für sich und sein Verhalten im Grunde nur Ausreden waren, erst dann begriff er: Der Blick in den Spiegel der eigenen Unzulänglichkeiten konnte unangenehm und schmerzhaft sein. Er wurde auf einmal mit Gedanken und Gefühlen konfrontiert, von denen er vorher nicht einmal wusste, dass er sie überhaupt besaß. Sie saßen so tief unter der Oberfläche, dass es viel Zeit und Mut benötigte, bis dorthin einzutauchen. Nun aber, da er sie entdeckt hatte, konnte er sich mit ihnen beschäftigen.

Der kleine Tümpel nahm sich vor, künftig öfter in sich selbst hineinzuhören und nicht mehr sofort den anderen für alles die Schuld zu geben. Er schämte sich immer noch, bisher ein fauler, feiger, egoistischer Jammertümpel gewesen zu sein. Nett war das sicher nicht von den Regenwolken, ihm so etwas zu sagen. Es tat schon ziemlich weh. Aber, so sagte er sich, so musste das wohl mit der Wahrheit sein. Auch sie hatte zwei Seiten und konnte also nicht immer nur schön sein.

"Danke, ihr Regenwolken", flüsterte er ganz leise, als er sich abends schlafen legte. "Danke, dass ihr so ehrlich mit mir wart. Ohne eure klaren Worte hätte ich nichts an mir verändern können. Ich hätte ja nicht einmal die ganzen Dinge an mir gesehen. Danke, dass ihr mir mit eurem kalten Wasser geholfen habt, ein bisschen größer zu werden. Danke, dass ihr der Quelle, dem Erdreich, den Menschen, den Insekten, den Feldern, Wiesen und Bäumen auch geholfen habt. Und danke, dass die Sonne heute mal einen freien Tag bekommen hat. Den hat sie sich auch verdient. So scheußlich seid ihr gar nicht, wie ich vorher dachte."

Am nächsten Tag kam die Sonne tatsächlich wieder und ließ ihre Strahlen auf dem kleinen Tümpel tanzen. Der freute sich so sehr darüber, dass sein Wasser leise gluckerte. Auch die Insekten und die Libelle kamen ihn wieder besuchen. Als er zusätzlich noch entdeckte, dass er tatsächlich ein gutes Stück angewachsen war, zappelte er so aufgeregt in seinem Tümpelbecken herum, dass er leicht zu fließen begann. Zwar nicht weit, aber immerhin.

Er war das erste Mal in seinem Leben ein Stückchen geflossen. Jetzt wusste er ganz genau, eines Tages würde er ein richtiger Fluss werden und konnte dann irgendwann das Meer umarmen. Nichts konnte ihn aufhalten, nicht einmal kalte, scheußliche Regenwolken. Auch sie waren wichtig und auch sie hatten einen Sinn.

Jeden Tag strengte sich der kleine Tümpel mehr an. Immer größer wurde die Vorfreude auf das Meer. Ihn besuchten viele Insekten und Libellen. So richtig jubelte er aber, als er an seinem Ufer einen kleinen Frosch entdeckte, der zum Baden vorbeigehüpft kam. Später sang dieser dem kleinen Tümpel ein Lied vor.

"Oje", stöhnte der kleine Tümpel ganz leise vor sich hin. "Schön klingt dieses Gequake nun gar nicht."

Der Frosch hörte ihn aber und sah ihn enttäuscht an.

"Tut mir leid, wenn es dir nicht gefällt. Es hat mir so riesigen Spaß gemacht hat, in dir zu baden und Futter habe ich bei dir auch gefunden. Dafür wollte ich mich bedanken mit meinem schönsten Lied und hoffte, du freust dich darüber. Ein kleiner

80

Frosch wie ich kann leider nichts anderes als quaken. Aber ich habe mich wirklich bemüht."

Alles hat zwei Seiten, hörte der kleine Tümpel die Regenwolken in seinem Hinterkopf. Für ihn war es grauenhaftes Gequake, für den kleinen Frosch war es sein schönstes Lied.

"Du singst das Lied ganz alleine für mich? Da bin ich ja ganz aufgeregt, Fröschlein. Ich freue mich wirklich darüber, dass du so etwas für mich tust. Noch nie habe ich einen so kleinen Frosch so laut quaken hören wie dich."

Der kleine Frosch errötete. So viel Lob war er nicht gewöhnt.

"Ich habe mich auch ganz schön angestrengt, eigens für dich."

"Danke Fröschlein, das war wirklich klasse. Mach weiter so, du wirst eines Tages ein ganz großer Quakefrosch. Und pass gut auf dich auf, damit dich kein Storch erwischt."

Der kleine Frosch versprach es ihm, bedankte sich noch einmal und hüpfte fröhlich davon.

Ja, die Zeiten waren nicht immer einfach gewesen für den kleinen Fluss. Mal ging es rauf, mal ging es runter. Einmal war es schön und dann wieder nicht, erinnerte er sich. Aber nichts konnte ihn aufhalten. Er sammelte weiter alle Wassertröpfchen, strengte sich an, war fleißig und immer blieb er seinem Traum, ans Meer zu kommen, treu.

Eines Tages stellte er dann fest, dass aus dem kleinen Tümpel ein kleines Bächlein geworden war. Den ganzen Tag jubelte er und erzählte stolz allen Gräsern und Pflanzen, allen Insekten und auch der Sonne von seinem großen Durchbruch. Sie alle lobten ihn überschwänglich und ermunterten ihn, weiter so unermüdlich an der Erfüllung seines Herzenswunsches zu arbeiten.

Das tat er auch. Er konnte nachts, wenn er schlafen ging, schon fast das Meer riechen. Es musste einfach herrlich sein, es zu umarmen und mit ihm in den Wellen zu spielen. Was würde er mit ihm gemeinsam alles sehen? Fremde, unbekannte Tiere und Kontinente, den Sturm, der die Wellen vor sich herpeitschte, den fernen Horizont, die Sonne, die dahinter schlafen ging und wieder aufwachte…

Es musste noch tausendmal beeindruckender sein, die Sonnenstrahlen auf der glatten Oberfläche des tiefblauen Meeres tanzen zu sehen, das mindestens zigtausendmal größer war als er selbst. Wie musste das erst funkeln und glitzern! Er konnte es sich nicht mal im Traum wirklich vorstellen, aber er war sich sicher, dass er niemals etwas Schöneres sehen würde.

*M*anchmal, wenn der kleine Bach durch fremde Wiesen floss, lachten ihn die Gräser, Pflanzen und Insekten aus und verhöhnten ihn.

"Du kleiner Bach willst ans Meer kommen? Mach dich doch nicht lächerlich. Das schaffst du niemals!"

Jedes Mal spürte der kleine Bach einen Stich im Herzen, wenn er sie so reden hörte, und er wurde ganz traurig. Als ihn ein Schmetterling besuchen kam und sich mit ihm unterhielt, konnte der kleine Bach nicht anders und klagte ihm sein Leid.

"Weißt du, Schmetterling, alle lachen mich aus, wenn ich ihnen von meinem Traum erzähle. Vielleicht wäre es wirklich besser, wenn ich ihn aufgebe. Ich bin wirklich viel zu klein, um das zu schaffen", schniefte er traurig und ließ resigniert die Schultern hängen.

Der Schmetterling winkte ihm mit den Flügeln zu, dann klappte er sie zusammen. Neugierig sah er den kleinen Bach an.

"Was hast du denn für einen Traum? Magst du mir davon erzählen?"

Der kleine Bach seufzte tief auf.

"Ich will ein großer und breiter Fluss werden und eines Tages ans Meer kommen. Ich wünsche mir nichts so sehr, wie das Meer zu sehen. Aber ich befürchte, die anderen haben recht. Das werde ich nie schaffen."

Aufgeregt flatterte der Schmetterling einmal im Kreis und setzte sich dann wieder auf den Grashalm.

"Du willst ans Meer? Ich habe davon gehört, es soll wunderschön sein. Was für ein großer Traum!"

"Ja, nur leider ein viel zu großer Traum für so ein winziges Bächlein. Alle verspotten mich."

"Ach lass sie doch spotten, kleiner Bach. Hör gar nicht hin. Die haben doch alle keine Ahnung. Wenn du es wirklich schaffen willst, ans Meer zu kommen, dann wirst du das auch, glaub mir."

"Ich weiß nicht, Schmetterling. Das ist doch viel zu schwierig und zu groß für mich. Ich kann das nicht."

"So etwas darfst du nicht mal denken, kleiner Bach. Du kannst alles, wenn du es nur aus ganzem Herzen willst. Schau mich an, ich habe es auch geschafft. Also kannst du es auch."

"Nun machst du mich neugierig. Was hast du denn geschafft?"

"Schau mich an." Der Schmetterling sah sich kurz um und breitete dann seine Flügel weit aus. "Bin ich nicht ein hübscher Schmetterling geworden?"

Als der kleine Bach das wunderbare Muster auf den Flügeln des Schmetterlings sah, machte sein Herz einen kleinen Satz.

"Doch, du bist wunderschön. Und wie leicht du im Wind tanzen kannst... So etwas Schönes wie dich habe ich noch nie gesehen. Ich bin ganz stolz und aufgeregt, dass du mich besuchen kommst."

Der Schmetterling lächelte dem kleinen Bach zu.

"Na also, siehst du? Genau das wollte ich immer werden: Ein wunderschöner Schmetterling, und jetzt habe ich es geschafft. Glaub mir, das war gar nicht einfach, im Gegenteil. Und mich haben auch alle ausgelacht."

"Dich ausgelacht? Wieso denn das?", fragte der kleine Fluss verwundert.

"Ich war nicht immer so schön wie jetzt. Zuerst war ich nur ein kleines, gelbes Ei. Niemand hat mir geglaubt, dass ich einmal ein großer Schmetterling werde. "

Der kleine Bach horchte auf.

"Du warst ein Ei? Aber wie hast du es geschafft, ein so schöner Schmetterling zu werden?"

"Das war ganz schön viel Arbeit. Ich musste mich zuerst aus dem Ei fressen. Dann war ich eine kleine, schwarze Raupe mit Punkten. Und wieder musste ich fressen und fressen, den ganzen Tag, den ganzen Sommer durch. In der Zeit bin ich gewachsen und musste mehrmals meine Haut abstreifen, weil sie nicht mehr gepasst hat. Das war ziemlich anstrengend für mich. Ich hatte ja kein Werkzeug bei mir. Helfen durfte mir auch keiner. Das musste ich alles ganz alleine schaffen. Immer wieder musste ich mich mal ausruhen. Und dann weiterfressen, immer nur fressen. So ging es weiter, bis ich dann eine große, grüne Raupe mit Punkten war. "

"Und dann wurdest du ein Schmetterling?"

"Noch lange nicht, kleiner Bach. Es war inzwischen Herbst und ich musste mir einen guten Platz suchen, um mich zu verpuppen. Auch das war viel Arbeit. Ich musste mich komplett einspinnen, die alte Haut abwerfen und danach überwintern und aufs Frühjahr warten."

"Das ist aber ganz schön lange, Schmetterling. Und was war im Frühjahr?"

"Es wurde wärmer und dann ging erst die richtig schwere Arbeit los. Ich musste ganz kräftig strampeln, um aus der Puppe schlüpfen zu können. Du kannst dir nicht vorstellen, wie anstrengend das war. Aber ich habe es geschafft. War das herrlich, als ich zum ersten Mal meine Flügel und die Fühler ausbreiten konnte. Und der erste Flug erst... Unbeschreiblich. Die ganze Arbeit hat sich absolut gelohnt, wie du siehst."

Beeindruckt sah der kleine Bach den Schmetterling an.

"Oh ja, auf jeden Fall. Du bist wunderschön."

Der Schmetterling klappte die Flügel kurz auf und zu und kicherte dann leise.

"Weißt du, was ich als Erstes gemacht habe?"

84

"Erzähl!"

"Verrate es aber niemanden. Ich bin bei all denen vorbeigeflogen, die mich vorher ausgelacht haben, damit sie sehen, dass ich es geschafft habe. Kannst du dir vorstellen, wie die gekuckt haben? Die konnten es kaum glauben, dass aus der kleinen, hässlichen Raupe ein Schwalbenschwanz geworden ist. So heiße ich nämlich."

Der kleine Bach gluckste.

"Das ist echt lustig. Ich verrate es niemanden, Schwalbenschwanz. Aber verrätst *du* mir etwas, bitte? Alle haben dich ausgelacht und trotzdem hast du weitergemacht. Wieso hast du nicht aufgegeben?"

"Warum denn, kleiner Bach? Nur weil die anderen mir sagten, du schaffst es nicht?"

"Ja", murmelte er leicht verlegen. "Sie hätten doch recht haben können."

"Unsinn", antwortete der Schmetterling. "Du siehst doch, dass sie nicht recht hatten. Ich bin keine Raupe mehr, sondern ein Schwalbenschwanz. Sie hätten nur dann recht gehabt, wenn ich auf sie gehört und aufgegeben hätte. Aber das wollte ich nicht. Ich wollte nichts so sehr wie ein Schmetterling werden."

"Und darum hast du trotzdem weitergemacht?"

"Ganz genau. Egal, wie viel Angst sie mir gemacht haben. Manchmal dachte ich auch daran, aufzugeben, vor allem, wenn es wieder so anstrengend wurde. Ich war hinterher immer fürchterlich erschöpft, wenn ich mich gehäutet habe. Aber ich ruhte mich aus und fraß dann weiter."

"Doch woher wusstest du, dass du eines Tages wirklich ein Schmetterling wirst und nicht immer nur eine Raupe bleibst? Hat dir das jemand gesagt?"

"Ja", sagte der Schmetterling bestimmt und nickte mit den Fühlern. "Mein Herz hat mir das gesagt. Es wusste ganz genau, dass ich das schaffe."

"Dein *Herz*? Woher wusste es das?"

"Weil wir den gleichen Wunsch hatten, mein Herz und ich.

Wir wollten beide das Gleiche. Bei dir ist es doch genauso, kleiner Bach."

"Bei mir? Du meinst wirklich, mein Herz will auch ein Schmetterling werden?"

"Nein, doch kein Schmetterling! Du hast doch den Herzenswunsch, als großer und breiter Fluss ans Meer zu kommen, oder nicht?"

Der kleine Fluss lief tiefrot an. Wie peinlich!

"Stimmt. Das heißt also, mein Herz will das Gleiche wie ich? Es will auch ans Meer kommen?"

"So in etwa kann man das sagen. Es will genauso wie du, dass du groß und breit wirst und eines Tages das Meer umarmen kannst. Ihr habt beide den gleichen Wunsch, weil dein Herz ganz genau weiß, was *du* dir wünschst und was dich voll und ganz glücklich macht. Deshalb hilft es dir auch. Du musst nur auf dein Herz hören."

"Und wie mache ich das, auf mein Herz hören?"

"Höre in dich hinein. Es spricht mit dir, aber du kannst es nur dann hören, wenn du ganz still wirst."

"Aber woher weiß ich, dass es mein Herz ist, das mit mir spricht?"

"Du spürst es. Es fühlt sich gut, warm und sicher an. Manchmal zieht es auch ein bisschen, aber es tut nicht weh, sondern ist ganz angenehm und wohlig. Das ist dann nämlich die Sehnsucht."

Der kleine Bach schloss kurz die Augen und hörte in sich hinein.

"Da zieht es wirklich, Schwalbenschwanz, wenn ich an das Meer denke. Aber die Stimme sagt mir, das ist gefährlich und anstrengend und unmöglich. Ich glaube, mein Herz will doch lieber ein Schmetterling werden als ein Fluss", sagte er dann niedergeschlagen.

"Du redest Unsinn, kleiner Bach. Du hast nur der falschen Stimme zugehört. Das war nicht dein Herz, sondern die Angst."

"Meinst du? Woher weiß ich denn, dass es die Angst und

86

nicht mein Herz ist? Wie kann ich das unterscheiden?"

"Was spürst du bei dieser Stimme, die du hörst und dir sagt, das ist unmöglich?"

Der kleine Bach konzentrierte sich nochmals und fühlte tief in sich hinein.

"Ich fühle mich traurig. Und ich bin so enttäuscht, dass es weh tut."

"Wenn du so etwas spürst, dann ist es nicht dein Herz. Niemals. Dein Herz will immer, dass du glücklich bist. Aber es will dir niemals wehtun und dich traurig machen. Das will nur die Angst. Oder auch die Erinnerung. Oder der Verstand. Aber dein Herz niemals."

"Nun sei doch schon still, du dummes Ding!", brauste der kleine Bach auf. Dann sah er den Schmetterling entschuldigend an. "Ich habe dich nicht damit gemeint, sondern diese Stimme. Die redet immer weiter und hört nicht auf!"

Der Schmetterling lachte leise auf.

"Das kenne ich. Die ist wirklich hartnäckig. Je mehr du sie aber schimpfst, umso mehr redet sie, weil sie merkt, du hörst ihr zu und sie hat deine Aufmerksamkeit."

"Ich will aber nicht, dass sie weiterredet!"

"Dann sag ihr einfach, du hast es gehört und bedanke dich für die Information. Wenn sie dann kurz still ist, hörst du auch wieder dein Herz."

Der kleine Bach seufzte tief auf und schloss noch einmal die Augen.

"Ja!", rief er dann fröhlich aus. "Ich habe es gehört. Mein Herz sagte, es will auch ein Fluss werden und zum Meer gelangen. Gott sei Dank!"

"Na siehst du! Es hätte mich auch gewundert, wenn es ein Schmetterling werden wollte. Sonst hätte es dir doch nicht laufend gesagt, du sollst Wasser sammeln und weitermachen."

"Das war auch mein Herz? Du meinst, das war gar nicht ich, der mich da angetrieben hat?"

"Du auch, aber nur, weil dein Herz deinen Wunsch kennt

und dir helfen will, ihn zu erreichen. Sobald du einen Wunsch hast, der so stark ist, dass du ihn mit jeder Faser deines Körpers spürst, bei dem du singen und tanzen und vor Freude schreien könntest, wenn du nur daran denkst, wenn du nicht nur dich selbst, sondern auch andere damit glücklicher machen kannst und wenn dein Herz dabei richtig anfängt zu glühen, dann wird es alles dafür tun, dass du diesen Wunsch auch erreichst. "

"Wieso die anderen glücklicher machen? Was haben andere mit meinem Herzenswunsch zu tun?"

"Sehr viel. Jeder hat ein Herz, die ganze Welt, das ganze Universum hat ein Herz. Und dessen Aufgabe ist die Liebe. Je mehr Liebe du gibst, umso mehr wird dein Herz dich unterstützen. Wenn du mit dem, was du liebst, anderen auch etwas Gutes tust, dann gibst du auch ihnen ein bisschen von deiner Liebe ab. Wem ich etwas Gutes tun will, nur weil es mir Freude macht, einfach so, oder damit er sich freut, einfach so, für den habe ich auch Liebe im Herzen. Wenn du aber etwas tust, das anderen schadet oder sie unglücklich macht, dann hast du keine Liebe in dir. Wenn du also einen Wunsch oder ein Ziel hast, das du unbedingt erreichen willst, dann schau ihn dir genau an: Wie viel Liebe steckt darin? Will ich etwas nur erreichen, damit ich mehr als andere habe, damit ich etwas besitze, was mir scheinbar fehlt, damit ich besser bin als sie, ohne Rücksicht auf sie zu nehmen oder tue ich etwas, weil ich damit auch den anderen etwas Gutes tue."

"Das klingt kompliziert, Schwalbenschwanz. Was hast *du* denn den anderen Gutes getan?"

"Ich kann zwar die Welt nicht verändern, aber ich kann sie ein bisschen schöner und bunter machen. Wenn ich an den Menschen, den Pflanzen und den Tieren vorbeifliege, mit dem Wind tanze oder vor ihnen meine Flügel im Sonnenlicht ausbreite, freuen sie sich über meinen Anblick. Für ein paar Sekunden vergessen sie ihre Sorgen und Probleme und bewundern meine Schönheit. In diesen winzigen Augenblicken sind sie alle ein kleines bisschen glücklicher. Ist das nicht schön?"

Der kleine Bach nickte. Er war beeindruckt. Dass ein kleiner Schmetterling so etwas Wichtiges schaffte, kaum zu glauben. Plötzlich überfiel ihn Traurigkeit.

"Lieber Schmetterling, dann sehe ich aber schwarz für meinen Herzenswunsch. Ich kann den anderen nichts Gutes tun, wenn ich als Fluss ans Meer komme."

"Das ist doch Unsinn, kleiner Bach. Du kannst sogar sehr viel Gutes tun. Denk doch mal nach."

"Hm", brummte er nachdenklich. "Die Sonnenstrahlen haben mehr Platz, um auf mir zu tanzen. Das ist gut, oder?"

"Ja, das ist gut. Aber es gibt noch mehr."

"Die Quelle muss nicht mehr arbeiten für mich, weil ich dann genug Wasser habe. Das ist auch gut, oder?"

"Ja", antwortete der Schmetterling schmunzelnd. "Aber es gibt noch mehr."

Der kleine Bach erinnerte sich an den Frosch und die Libelle.

"In mir können mehr Frösche baden. Libellen finden mehr Futter bei mir. Das ist auch gut."

"Ja, aber es gibt noch mehr."

"Noch mehr? Hilf mir doch bitte auf die Sprünge. Du bist schon überall gewesen und hast mehr gesehen als ich, deshalb bist du auch so schlau. Ich war ja die meiste Zeit fest in meinem Tümpelbett gelegen."

"Du wirst es selbst bald erleben, immerhin bist du ja schon als kleiner Bach unterwegs. Wenn du weiter arbeitest, dann wirst du auch schneller vorwärtskommen und mehr sehen. Aber ich helfe dir gerne. Wenn du mehr Wasser trägst und breiter wirst, werden in dir bald Wasserpflanzen und kleine Algen wachsen, und kleine Fische in dir schwimmen. Sie alle helfen dir, dein Wasser sauber zu halten. Und dein Wasser hilft ihnen, zu leben. Damit dienen sie anderen Tieren als Nahrung. An deinem Ufer werden auch saftige Pflanzen und Gräser wachsen, die gleichzeitig Nahrung und Unterschlupf für viele Insekten und Tiere sein werden. Auch größere Tiere werden zu dir kommen, weil sie dein Wasser trinken und in dir baden können. Bäume, die in deiner Nähe wachsen, holen sich mit ihren Wurzeln auch ein bisschen von deinem Wasser. Auch ihnen tust du etwas Gutes. Menschen können sich im Sommer an deinem Ufer erfrischen oder sonnen oder in dir waten. Das macht ihnen Freude. Wenn du ein großer Fluss bist, können die Menschen in dir schwimmen oder mit einem Boot fahren und darauf Dinge transportieren. Du siehst, du kannst sehr viele gute Dinge für andere tun."

Der kleine Bach lachte fröhlich auf.

"Das alles kann ich tun? So viele Dinge?"

Der Schmetterling nickte.

"Das ist bestimmt nicht alles, du kannst sicher noch viel mehr. Nun sag mir, kleiner Bach, auf wen wirst du jetzt hören? Auf die Angst und die anderen, die dir sagen, das ist unmöglich oder auf dein Herz?"

"Pah!", rief der kleine Bach übermütig aus. "Sollen sie mich alle auslachen und so einen Unsinn behaupten, ich werde weitermachen. Ich will ein großer und breiter Fluss werden und später mit dem Meer in den Wellen tanzen. Niemand wird mir meinen Traum wegnehmen. Das lass ich nicht zu!"

"Das gefällt mir. Ich muss jetzt leider weiter, kleiner Bach, aber ich komme wieder, um dich zu besuchen. Vergiss nicht, lass dich nicht von der Angst beherrschen. Hör immer auf dein Herz. Wenn dir vielleicht auch die ganze Welt wehtun möchte, dein Herz wird das niemals tun. Es will dich glücklich sehen."

Der Schwalbenschwanz breitete seine Flügel aus und erhob sich in die Luft. Zum Abschied winkte er dem kleinen Bach noch einmal zu und flatterte dann über die Wiese davon.

Als der kleine Bach sich später schlafen legte, dachte er nochmals an das Gespräch mit dem Schmetterling. Er musste recht haben, schließlich hatte er auch sehr viel Zeit und Arbeit benötigt, bis er aus einem Ei zum Schmetterling wurde. Das klang alles andere als einfach. Doch die ganze Mühe lohnte sich schließlich. Selten hatte der kleine Bach bisher einen so wunderschönen Schmetterling gesehen wie diesen Schwalbenschwanz. Jener hatte nur auf sein Herz gehört, nie aufgegeben und sein Wunsch erfüllte sich schließlich… obwohl es ganz schön lange dauerte, bis es so weit war. Ganz genauso würde er es jetzt auch machen, entschied sich der kleine Bach.

Also machte er weiter, sammelte eifrig weiterhin jeden einzelnen Wassertropfen und bahnte sich den Weg durch die Wiesen und Felder. Manchmal kamen ihm die Regenwolken zu Hilfe. Er mochte sie immer noch nicht, diese kalten und scheußlichen Gefährten, die immer wieder einmal seinen Weg kreuzten. Aber so unangenehm sie auch waren, er versuchte sich jedes Mal daran zu erinnern, dass sie ihm trotzdem halfen auf seinem Weg zum Meer. Er rief sich dabei auch wieder ins Gedächtnis, dass sie auch allen anderen halfen, obwohl diese die Regenwolken genauso wenig mochten wie er. Aber sogar sie hatten eine gute Seite und durchaus einen Sinn.

Einmal klebten sie tagelang ständig am Himmel. Der kleine Bach wurde schon missmutig, wenn er sie nur sah. Ihm war kalt und er fühlte sich einsam. Die ganzen Insekten und Tiere versteckten sich vor dem Regen und besuchten ihn nicht mehr. Es war nicht einfach, sich jeden Tag zu sagen: *Es wird wieder besser, der Regen kann nicht ewig dauern, bald kommt wieder die Sonne.* Manchmal glaubte er schon fast nicht mehr daran. Vorher war alles so schön gewesen und nun das! Die Regenwolken tauchten auf und ruinierten ihm alles, auch seine gute Laune. Eines Morgens, wieder wurde er durch kalte Tropfen geweckt, die ihm über die Nasenspitze liefen, platzte ihm die Geduld.

"Könnt ihr nicht endlich verschwinden? Ich habe keine Lust mehr, ihr nervt. Ich will endlich wieder die Sonne haben. Mit euch macht das keinen Spaß mehr!", rief er den Regenwolken zu.

"Wir gehen dann, wenn wir unsere Arbeit gemacht haben und keine Minute früher. Also gib Ruhe da unten."

"Ihr seid Nervtöter und Spaßverderber! Es ist nur eure Schuld, dass ich jetzt schlechte Laune habe. "

Die Regenwolken lachten laut auf und feixten.

"Was für ein Unsinn, du aufmüpfiger, kleiner Bach. An deiner schlechten Laune bist nur du selbst schuld, sonst niemand. Oder haben wir dir etwa angeschafft, dich mies zu fühlen?"

"Das wär ja noch schöner!", pampte der kleine Bach zurück. "Außerdem lügt ihr auch noch. Wenn ihr nicht so kalt und scheußlich wärt, müsste ich mich nicht ärgern und mir ging's gut. Also ist es eure Schuld, nicht meine. Und jetzt haut endlich ab!"

"Nun sei mal nicht so vorlaut da unten. Wir gehen dann, wenn wir fertig sind und basta! Anstatt dich so fürchterlich aufzuregen, lerne lieber was daraus, du alter Jammerlappen."

"Pah! Was soll ich denn daraus lernen? Dass ihr die kältesten und scheußlichsten Spaßverderber überhaupt seid? Das weiß ich schon lange."

"Und?"

"Nichts und. Ich mag euch nicht, also haut ab."

"Noch nicht. Selbst wenn du uns nicht magst, du undankbarer Tropf, wir haben schon einen Sinn. Nur siehst du ihn wieder mal nicht, weil du bockig bist und deinen Sturkopf durchsetzen willst. Wie immer sollen alle nach deiner Pfeife tanzen."

"Sagt mal, wie redet ihr eigentlich mit mir? Was fällt euch ein, mich derart zu beschimpfen?", brauste der kleine Bach auf.

"Wir sagen nur, was Fakt ist, auch wenn's dir nicht passt. Du bist so wie die meisten. Du kannst nur austeilen, aber nicht einstecken."

"Ach lasst mich doch in Ruhe und haut ab! Ich will euch nicht hier haben. Ich will -"

"Ja ja. Du willst dies, du willst das und du willst jenes. Von
92

dir hört man immer nur: *Ich will*. Und da behauptest du, du hättest keinen Sturkopf und wärst nicht egoistisch?"

"Stimmt, weil… Ich will doch nur -"

"Da, schon wieder. *Ich will*."

"Nun lasst mich doch mal ausreden!"

"Mach doch, kleiner, sturer Bach. *Du willst* sicher nur wieder jammern und meckern, oder kannst du noch was anderes als das?"

Der kleine Bach schlug vor lauter Zorn so heftig mit der Faust auf seine Wasseroberfläche, dass es richtige Wellen gab. Ihm wurde dadurch noch ein bisschen kälter, als das Wasser auf ihn schwappte. Ganz allmählich fingen seine Zähne an zu klappern und in seiner Nase kribbelte es verdächtig. Sicher würde er eine grauenhafte Erkältung bekommen, wenn das so weiterging. Er wartete einen Moment, aber das Kribbeln lies nach. Niesen musste er nicht. Trotzdem fühlte er sich völlig unwohl.

"Ich wollte nur sagen, dass ich alles wieder so haben möchte, wie es vorher war. Da war alles schön und lustig und mir ging es gut. Seit ihr aufgetaucht seid, ist jeder Tag nur grau, dunkel, kalt und trist und ich bin einsam. Der ganze Spaß ist weg. Ich habe jeden Tag fleißig gearbeitet, damit ich eines Tages ans Meer komme. Wieso müsst ihr mir also alles ruinieren?"

"Niemand ruiniert dir etwas, du Jammerbach. Niemand, außer dir selbst. Du solltest es eigentlich schon begriffen haben, dass alles zwei Seiten hat. Auch das Leben. Einmal ist es schön und lustig, einmal ist es weniger spaßig. Aber das gehört dazu."

"Das will ich aber nicht."

"Tja, kleiner Sturkopf. So ist es aber, nichts im ganzen Universum hat nur eine Seite. Anstatt dich dagegen zu sträuben und darüber aufzuregen, solltest du es lieber akzeptieren. Wenn alles schön ist, freu dich darüber, genieße es und sei dankbar dafür. Irgendwann kommt auch einmal die andere Seite zum Vorschein. Egal wie sehr du dich dagegen auflehnst, sie kommt trotzdem."

"Wenn ich das aber nicht will?"

"Du musst es ja nicht wollen, nur eben akzeptieren, dass es so ist."

"Wenn ich das akzeptieren soll, dann heißt das doch, dass ich es gut finde. Das tu ich aber nicht!"

"Ach was. Akzeptieren heißt nur das annehmen, was ist. Es ist, wie es ist und hat seinen Sinn. Mehr musst du nicht tun, wenn du etwas akzeptierst. Du kannst ja auch akzeptieren, dass du uns nicht magst. Solange du akzeptierst, was ist, ist alles in Ordnung und du musst dich nicht ärgern."

"Pah! Der einzige Sinn, den ihr habt, ist der, dass ich wegen euch eine Erkältung bekomme und schlechte Laune habe."

"Nun hör schon mit deinem Gemaule auf. Den Sinn, den wir haben, habe ich dir doch neulich schon erklärt, schon vergessen?"

"Nein, aber ich mag euch eben nicht. Ihr seid schuld, dass -"

"Hörst du eigentlich nicht zu, wenn wir mit dir reden?"

"Doch, aber ich will trotzdem wieder, dass es so ist, wie es vorher war. Auch wenn ich diesen Mist akzeptiere, ich will das alles nicht haben."

"*Ich will, ich will*", äfften die Regenwolken ihn im Chor nach. "Geht das schon wieder los? Jetzt hör mal zu. Du willst, dass alles so ist, wie es war. Willst du auch wieder eine kleine Pfütze sein?"

"Nein, natürlich nicht, ich wäre viel lieber ein Fluss. Aber -"

"Ach sieh mal an. Eine kleine Pfütze willst du nicht mehr sein, aber alles andere willst du zurück. Du willst also nur das wieder haben, was dir gerade in den Kram passt. Sehe ich das richtig?"

"Nein, natürlich nicht, aber -"

"Doch, willst du. Du willst dir die Rosinen aus dem Kuchen picken, von denen du selbst den größten Vorteil hast. Das soll alles so bleiben, wie es ist. Das andere, was dir nicht so gefällt, das kann verschwinden."

Der kleine Bach kratzte sich verwirrt am Kopf. So hatte er

das bisher nie gesehen. Irgendwie lagen sie damit nicht ganz falsch. Es stimmte schon, die schönen Dinge, die wollte er zurückhaben.

Aber nochmals eine kleine Pfütze sein, nochmals all die Arbeit machen, nochmals sich so anstrengen und alles wieder aufbauen, nein, das wollte er wirklich nicht. Einmal war genug.

"Wieso muss denn immer das Schöne verschwinden? Wieso kann es nicht einfach da bleiben? Das verstehe ich nicht."

"Es ist nicht verschwunden, du kleiner Dickkopf. Es ist immer noch da. Du siehst es nur nicht, weil du undankbar bist."

Der kleine Bach sah sich um, er blickte in alle Richtungen und schüttelte dann den Kopf.

"Es ist alles verschwunden. Ich sehe nichts mehr davon. Es ist einfach weg."

"Ach wirklich?", spöttelte eine große Regenwolke über ihm. "Wenn du das nicht sehen kannst, dann bist du vermutlich blind und zwar auf sämtlichen Augen."

"Nun hör aber auf! Kuck dich doch mal um. Wo ist es denn? Wo hat es sich versteckt?"

"Ich sehe es zum Beispiel direkt unter mir. Schau dich doch mal an."

"Ja und? Ich kann noch so sehr auf meine Wasseroberfläche starren, aber wo ist da bitte das Schöne, das angeblich noch da sein soll? Ich sehe keine Sonne und ich sehe keine Tiere."

"Und was ist mit dir?"

"Was soll mit mir sein?"

"Bist du nichts?"

Der kleine Bach zuckte mit den Schultern.

"Schon, aber… Ich bin nur ein kleiner Bach, sonst nichts. Was ist daran schön?"

Die Regenwolken stießen sich gegenseitig an und lachten, bis ihnen die Tränen über die Wangen liefen. Zusammen mit den Regentropfen stürzten sie in einem regelrechten Wolkenbruch auf die Erde herab.

"Sag mal, was ist denn mit dir los? Wer hat dir denn den Tag so verregnet?"

"Na toll, veräppeln kann ich mich selbst", knurrte der kleine Bach verärgert.

"Entschuldige, wenn wir dich ein bisschen auf den Arm genommen haben. Aber ganz im Ernst, kleiner Bach. Wenn du schon so gerne auf die Vergangenheit kuckst, in der alles angeblich viel besser war, dann kuck mal richtig hin. Und zwar heute, mit *beiden* Augen und sieh dir dabei *beide* Seiten an, nicht wieder nur eine."

"Was soll das denn heißen?", fragte der kleine Bach argwöhnisch.

"Im Augenblick fühlst du dich nicht wohl. Du bist wütend und deprimiert. Deshalb siehst du heute nur die schlechten Dinge und schielst sehnsüchtig zurück auf all die Dinge, die in der Vergangenheit schön waren. Du willst sie wieder haben, das ist ganz normal. Nur, die Vergangenheit ist vorbei, sie existiert nicht mehr. Sie ist vergangen. Darum heißt sie ja auch Vergangenheit. Es gibt nur noch das Gegenwärtige, das Jetzt. Darum heißt es auch Gegenwart. Auch das Zukünftige gibt es noch nicht, die Zukunft kommt erst noch. Also sieh dir die Gegenwart einmal genau an. Sie ist das, was von der Vergangenheit noch übrig ist und sie ist das, worauf sich deine Zukunft aufbaut. Nicht mehr und nicht weniger."

Der kleine Bach stöhnte auf und hielt sich den Kopf mit beiden Händen.

"Das ist mir alles viel zu kompliziert, das verstehe ich nicht. Könnt ihr euch nicht etwas einfacher ausdrücken, dass sogar ein kleiner Bach das verstehen kann?"

Eine riesengroße, tiefschwarze Regenwolke kam näher und blieb direkt über dem kleinen Bach am Himmel stehen. Er erschrak heftig, sie sah so bedrohlich aus. Sie war viel größer als alle anderen. Vielleicht war sie deren Boss. Auf jeden Fall musste sie älter und stärker als die anderen sein, so dick und aufgetürmt, wie sie aussah. Unwillkürlich duckte er sich. Sicher würde jetzt ein heftiger Regenschauer auf ihn herabfallen.

"Hör mir zu, kleiner Bach", sagte die riesige Wolke zu ihm. "Vielleicht kann ich es dir erklären. Ich bin die größte und älteste Regenwolke hier. Mit mir hat alles angefangen, die anderen Wolken kamen erst lange nach mir dazu."

Der kleine Bach begann leicht zu zittern, als er die dunkle, tiefe Stimme dieser Wolke hörte. Er hatte es geahnt: Sie war der Boss dort oben. Ihm war nun doch ein wenig ängstlich zumute, wenn er nach oben blickte.

"Danke", sagte er eingeschüchtert. "Danke, dass du dir die Zeit dafür nimmst. Du hast sicher viel zu tun."

"Das habe ich. Ich muss dafür sorgen, dass die anderen Regenwolken ihre Arbeit richtig machen. Aber ich nehme mir die Zeit für dich, weil das wichtig ist. Und auch, weil ich dein ständiges Gejammer nicht mehr hören kann. Also, spitz die Ohren und konzentriere dich auf das, was ich dir jetzt sage. In Ordnung?"

Hastig nickte der kleine Bach. Er wollte den Wolkenboss nicht verärgern. Das könnte sehr, sehr nass werden, befürchtete er.

"Die Vergangenheit ist vorbei. Sie existiert nicht mehr. Das Einzige, das von ihr übrig ist, sind Erinnerungen und Gedanken und das Heute. Wenn es das Gestern nicht gegeben hätte, gäbe es auch kein Heute. Einleuchtend?"

"Soweit ja."

"Die Vergangenheit war der gestrige Tag, die letzte Woche, der letzte Monat, das letzte Jahr und so weiter. Aber die Vergangenheit ist auch der heutige Morgen, die letzte Stunde, die letzten Minuten. Alles, was nicht jetzt im Augenblick ist, in dem Moment, in dem du einen neuen Atemzug machst, ist alles Vorherige Vergangenheit, denn es ist vorbei. Ob es erst kurze Zeit her ist oder schon länger, spielt dabei keine Rolle. All das, was vorüber ist, ist Vergangenheit. Auch einleuchtend?"

Der kleine Bach nickte.

"Gut", brummte die große, dicke Regenwolke zufrieden. "Dann sehen wir uns die Zukunft an. Die Zukunft ist all das, was erst noch kommt, was erst noch geschehen wird. Der morgige Tag, die nächste Woche, der nächste Monat, das nächste Jahr. All das ist die Zukunft. Aber die Zukunft ist auch die nächste Minute, die nächste Stunde, der heutige Abend. Auch bei der Zukunft spielt es keine Rolle, ob sie schon sehr bald ist oder noch in weiter Ferne liegt. Alles das, was erst noch kommt, das ist die Zukunft. Einleuchtend?"

Wieder nickte der kleine Bach. So bedrohlich die Wolke über ihm auch aussah, sie schien sehr geduldig zu sein und erklären konnte sie all das wirklich gut. Er entspannte sich etwas und das Zittern ließ nach.

"Nun zum Heute, zur Gegenwart. Sie ist das Ergebnis aus dem, was vorbei und schon passiert ist. Ich sagte ja vorhin, hätte es kein Gestern gegeben, gäbe es auch kein Heute. Gestern Morgen zum Beispiel führtest du weniger Wasser als heute. Vorgestern Morgen führtest du weniger Wasser als gestern Morgen. Weil es vorgestern regnete, stieg dein Wasserstand an. Der stieg weiter an, weil es auch gestern regnete. Deshalb ist er heute höher als gestern und als vorgestern. Einleuchtend?"

"Ja. Absolut einleuchtend."

"Genau deshalb ist das Heute das Ergebnis aus dem, was in der Vergangenheit passiert ist. Was immer geschehen ist, was immer du gesehen, gehört, gelernt oder auch getan hast, heute siehst du davon das Ergebnis. Manchmal in der sogenannten Realität, so wie zum Beispiel dein höherer Wasserstand, manchmal aber auch nur in Form von Erinnerungen. Aber auch sie sind ein Ergebnis von etwas, das passiert ist. Wenn du dir vor Monaten einmal den Weg durch harte Erde graben musstest, wirst du dich beim nächsten Mal, wenn du harten Boden siehst, daran erinnern und auch daran, wie anstrengend es war. Es liegt schon Monate zurück, ist also schon lange vergangen. Deine Erinnerung daran ist aber heute noch da. Damit ist sie auch eine Auswirkung von dem, was in der Vergangenheit passiert ist. Einleuchtend?"

Der kleine Bach überlegte kurz und nickte dann.

"Ja, das leuchtet sogar mir ein. Das ist genauso wie das Versprechen vom Schwalbenschwanz. Der versprach mir, mich wieder zu besuchen. Das Versprechen ist schon in der Vergangenheit gewesen. Aber ich erinnere mich noch heute. Stimmt's?"

Die Bosswolke nickte.

"Ich sehe, du hast es verstanden, kleiner Bach. Dann können wir weiter machen. Die kleine, hellgraue Regenwolke sagte vorhin, deine Zukunft baut sich auf deinem Heute auf. Das heißt, alles, was heute passiert, was du heute siehst, hörst, lernst oder tust, das Ergebnis davon siehst du in der Zukunft. Ob diese Zukunft schon in ein paar Minuten ist oder noch in weiter Ferne, spielt dabei keine Rolle. Wenn du heute genauso viel Wasser führst wie gestern, bist du genauso stark wie gestern und du kommst auch genauso schnell vorwärts wie gestern. Es bleibt heute also alles wie gestern. Damit bleibt auch die Zukunft genauso wie heute, es verändert sich nämlich nichts. Führst du heute mehr Wasser als gestern, bist du heute stärker und schneller als gestern. Das heißt, wenn du heute etwas veränderst, dann verändert sich auch die Zukunft. Ist das einleuchtend für dich?"

"Schon", murmelte der kleine Bach. "Aber das funktioniert nicht immer."

"Und wieso nicht?"

"Letzte Woche bin ich schlafen gegangen und war gut gelaunt. Ich habe mich auf den nächsten Tag gefreut, also auf die Zukunft. Am nächsten Morgen bin ich aufgestanden und ihr wart da. Die ganze Freude war ruiniert und es war ein scheußlicher Tag. Ich wollte alles so lassen, wie es war. Ich wollte gute Laune haben und einen schönen Tag. Verändert habe ich nichts. Ihr seid auf einmal gekommen und habt alles verändert. Meine Schuld war das nicht. Also liegt es nicht an mir, wie die Zukunft wird, sondern an den anderen. Oder?"

"Unsinn!", brummte die große, schwarze Regenwolke. Ein

leises Grollen war zu hören. "Die anderen tun nichts anderes als du auch. Sie lassen alles beim Alten oder verändern etwas in ihrem Leben. Da aber alle miteinander und nebeneinander leben, kreuzen sie natürlich deinen Weg. Sie verändern zwar nur etwas bei *ihnen*, aber es kann passieren, dass ihre Veränderungen auch Auswirkungen auf dich und dein Leben haben."

"Sag ich doch, die anderen beeinflussen mein Leben und bestimmen über mich. Ich kann nichts dagegen tun", schniefte der kleine Bach traurig. "Wie sagte die andere Wolke vorhin: Du musst akzeptieren, was ist. Also muss ich akzeptieren, dass alle anderen mir jederzeit einen Strich durch die Rechnung machen können und ich kann nichts, aber auch gar nichts dagegen tun. Ich muss immer nur das nehmen, was sie mich machen lassen oder auch nicht." Dicke Tränen tropften auf seine Wasseroberfläche.

"Schluss damit!", grollte die Bosswolke so laut, dass nicht nur der kleine Bach, sondern auch alle anderen Regenwolken zusammenzuckten. Sie kamen leise näher und spitzen nun die Ohren. Was war da nur los, dass die Bosswolke so ärgerlich wurde?

"Oder hilft es dir irgendetwas, im Selbstmitleid zu ertrinken, du Jammerbündel?"

"Nein, aber es ist doch so", heulte der kleine Bach auf. "Ich kann gar nichts verändern, ich -"

"Ich sagte, Schluss damit! Mit deinem Gejammer und Geheule kannst du definitiv nichts verändern."

"Sag ich doch!"

"Warum tust du es dann trotzdem? Macht es dir so riesigen Spaß, dich als Opfer zu fühlen und dich selbst klein zu machen?"

"Nein, überhaupt nicht, aber -"

"Aber was? Es ist so herrlich einfach, den anderen die Schuld an allem zu geben, stimmt's? Du gibst ihnen die Schuld und damit auch die Verantwortung und die Macht über dein Leben. Bist du ein Bach oder eine Marionette?"

100

"Ich bin keine Marionette, aber die anderen sind -"

"Was sind sie? Größer, stärker, besser, schlauer, mächtiger als du?"

"Ja", schniefte der kleine Bach unglücklich. "Genau das."

"Also das ist doch die Höhe!", donnerte die Bosswolke los und plusterte sich noch mehr auf.

"Genau", murmelte der kleine Bach.

"Nicht die anderen, sondern du! Und weißt du warum? Weißt du, warum die anderen größer, stärker, besser, schlauer und mächtiger sind als du? Weil du es ihnen gestattest! Du willst es doch so. Du willst doch klein und unbedeutend sein und im Selbstmitleid ertrinken. Du willst doch weiter das arme Opfer spielen. Du willst doch, dass dir Tag und Nacht die gebratenen Tauben in den Mund fliegen. Du willst doch, dass alles so wird, wie es dir passt, und zwar *ohne* dass du auch nur irgendetwas dafür tun musst. Du willst alles haben, aber nichts dafür tun. Du bist nur ein kleiner Jammerer, der immer nur genau so viel tut, wie es unbedingt sein muss, aber keinen Deut mehr. Sobald es ein bisschen kompliziert oder unangenehm wird, wirfst du dich wie ein kleines, verwöhntes Kind auf den Boden und schlägst mit deinen kleinen Fäusten um dich. Nur nicht anstrengen, nur nichts Neues ausprobieren, nur nichts verändern, alles so lassen wie bisher. Aber dann schreien und toben, wenn die anderen etwas verändern. Verstehst du eigentlich nicht, welchen Unsinn du machst? Du willst alles genauso machen wie bisher und erwartest aber, dass sich alles für dich verändert? Wie soll das denn funktionieren?"

"Das weiß ich doch auch nicht!", heulte der kleine Bach lauthals auf. "Sag du es mir doch, du Besserwisser!"

Alle Regenwolken am Himmel rückten schnell ganz nah zusammen. Dass ein winziger Bach so frech mit ihrer mächtigen Bosswolke sprach, hatten sie bislang noch nie erlebt. Der Himmel über dem kleinen Bach wurde ganz dunkel vor lauter Regenwolken und er erschrak selbst über seine vorlauten Worte. Ein lautes Donnergrollen war zu hören. Gleich würde ein

101

heftiges Gewitter losbrechen, befürchtete er und duckte sich tief in sein Flussbett.

"Das will ich dir sagen. Aber hör zuerst auf, so stur und bockig zu sein und vor allem, hör mit dem Gejammer auf. Das ist ja nicht zum Aushalten. Du verdirbst nicht nur mir, sondern allen damit den ganzen Tag! Verstanden?"

Der kleine Bach nickte hastig. Wieso er der Bosswolke und den anderen den Tag verdarb, verstand er zwar nicht, aber fragen traute er sich im Moment auch nicht. Das musste warten.

"Wenn du etwas verändern willst, musst du auch etwas dafür tun. Und damit ist *nicht* Jammern gemeint, sondern etwas anderes. Du musst selbst etwas verändern, sonst verändert sich nichts. Soweit verstanden?"

Einen Augenblick dachte er nach, dann nickte er wieder.

"Wolltest du eben fragen, *was* du verändern sollst?"

Noch einmal nickte der kleine Bach. Die Bosswolke musste Hellseher sein. Genau das hatte er sich nämlich gerade selbst gefragt.

"Du musst zuerst *in dir* etwas verändern, *erst dann* verändert sich auch etwas im Außen. Oder im Umkehrschluss: Wenn du *in dir* nichts veränderst, wird sich auch im Außen nichts verändern. Und jetzt spitz ganz genau die Ohren, kleiner Bach. Was ich dir jetzt sage, ist immens wichtig. Bereit?"

"Moment noch." Schnell putzte der kleine Bach sich die Nase. Durch sein ganzes Geheule hatte sie angefangen zu laufen und das lenkte ihn nur ab. "Jetzt bin ich bereit."

"Du musst *in dir, bei dir* den Anfang machen. Das heißt, in deinen Gedanken und Gefühlen über *dich selbst*. Solange du dich klein, unbedeutend, und als Opfer siehst und fühlst, wirst du immer klein, unbedeutend und ein Opfer sein und bleiben. Solange du nicht erkennst, dass nur *du selbst* für dein eigenes Leben verantwortlich bist, weil es ja auch *dein* Leben ist, solange wirst du allen anderen die Verantwortung dafür geben. Verantwortung für dein Leben gibst du ihnen in dem Moment,

102

in dem du dir von ihnen sagen lässt, was du tun sollst oder nicht."

"Aber das tu ich doch gar nicht", sagte der kleine Bach verwundert.

"Doch, genau das tust du. Wenn du dich darüber beschwerst, dass andere Schuld daran sind, dass es dir schlecht geht, siehst du dich als deren Opfer. Würde heißen, sie tun irgendetwas, was dich schlecht fühlen lässt. Die Schuld kann nämlich nur jemand haben, der verantwortlich ist. Also hast du ihnen auch die Verantwortung dafür gegeben, wie es dir geht und du lässt es zu."

"Aber was soll ich denn sonst tun? Ich kann doch nichts dagegen machen."

"Behauptet wer? Du etwa?"

"Ja... Oder?"

"Doch, kannst du. Es ist ganz alleine *deine* Entscheidung. Sie haben *ihr* Leben und du hast deines. Du bist auch nicht für *deren* Leben verantwortlich und was sie daraus machen oder wie sie sich fühlen."

"Bin ich wohl. Wenn ich gemein zu ihnen bin, dann fühlen sie sich schlecht und das ist dann meine Schuld. Ist doch logisch, Bosswolke."

"Logisch mag es vielleicht auf den ersten Blick aussehen, richtig muss es deshalb noch lange nicht sein."

"Wie meinst du das? Wenn etwas logisch ist, ist es doch immer richtig."

"Was für ein Mumpitz, kleiner Bach, richtig ist nur dann etwas, wenn es funktioniert und wenn es gut ist. Wenn du etwas kaputt machst, funktioniert es nicht mehr. Also ist es auch nicht richtig. Wenn du ihnen die Laune kaputtmachst oder ihnen den Tag verdirbst, kann es niemals richtig sein, auch wenn es vielleicht logisch aussieht."

"Hm", brummte der kleine Fluss und grübelte. "Das klingt einleuchtend. Aber was hat das mit Entscheidung zu tun?"

"Du kannst dich immer entscheiden, was du tust, denkst

oder fühlst. Du hast immer die Wahl. Du kannst dich entscheiden, dich schlecht zu fühlen. Du kannst dich entscheiden, dich hilflos zu fühlen. Du kannst dich entscheiden, herumzujammern und das Opfer zu sein. Du kannst dich aber auch dafür entscheiden, dich gut zu fühlen, dich nicht beeinflussen zu lassen, deinen Weg trotz Hindernissen weiterzugehen. Du hast immer die Wahl, kleiner Bach. So wie jeder andere auch."

"Aber wie soll ich mich gut fühlen, wenn alles nur schlecht ist?"

"Indem du dich, wie ich gerade sagte, dafür entscheidest."

"Das ist doch Unsinn. Ich kann mich doch nicht entscheiden, dass es mir gut geht, wenn's mir schlecht geht."

"Warum geht's dir denn schlecht? Doch nur, weil du dich entschieden hast, dich beeinflussen zu lassen von dem, was passiert. Weil du dich als Opfer fühlen willst und herumjammerst. Weil du alles negativ sehen willst. Weil du nur auf eine Seite der Dinge kuckst. Nur deshalb geht es dir schlecht."

"Wenn es aber doch so ist?"

"Gegenfrage, kleiner Jammerbach. Ändert es irgendetwas, wenn du dich schlecht fühlst? Ändert sich dadurch auch nur eine Winzigkeit an dem, was jetzt ist?"

Der kleine Bach schüttelte energisch den Kopf.

"Natürlich nicht. Aber -"

"Da siehst du es. Ich sagte dir doch vorhin schon, es verändert sich nur dann etwas, wenn du bei dir zuerst etwas veränderst. Das ist das ganze Geheimnis."

"Aha. Dann sag mir doch, was soll ich verändern?"

"Wie wär's mit deiner Entscheidung? Triff eine neue."

"Und was hab ich davon? Deshalb ändert sich doch sonst nichts. Es regnet weiter, niemand kommt mich besuchen, ich bin alleine und alles ist Mist."

"Und wie wäre es, wenn dich das alles nicht stören würde und es dir gut ginge?"

104

"Das wär klasse, ist aber nicht so."

"Wer hält dich von dieser Entscheidung ab? Haben wir dir gesagt, du musst dich schlecht fühlen? Haben die Tiere gesagt, du musst dich einsam fühlen? Hat irgendjemand dir angeschafft, dich miserabel zu fühlen?"

"Nein", brummelte der kleine Bach. "Niemand hat das zu mir gesagt und befohlen hat es mir auch niemand, aber... Wenn alles so scheußlich ist, fühl ich mich einfach nicht gut."

"Wer sagt das?"

"Na ich, wer denn sonst?"

"Siehst du? Da hast du deine Antwort auf die Frage, wer dich von der Entscheidung abhält."

"Du willst also sagen, ich bin ganz alleine schuld daran, dass es mir schlecht geht?"

"Na wer ist denn außer dir verantwortlich dafür? Du doch! Wer außer dir sagt, dass es dir bei Sonne gut geht und bei Regen schlecht? Du selbst hast diese Entscheidung getroffen. Du machst dich und deine Gefühle selbst abhängig davon, was um dich herum passiert. Es gibt für dich entweder gut oder schlecht. Natürlich will jeder nur Gutes haben, das Schlechte will keiner. Aber es gibt kein Gut, wenn es kein Schlecht gibt. Alles hat zwei Seiten. Du kannst dir doch jederzeit sagen, ich fühle mich gut. Oder nicht?"

"Schon, aber -"

"Siehst du, du bewertest schon wieder. Alles soll so laufen, wie deine Vorstellungen und dein Dickkopf es haben wollen. Was dir passt, ist gut, was dir nicht passt, ist schlecht. Und danach richtest du deine Laune aus. Akzeptiere doch einfach mal, dass das Leben nicht immer in gleichen Bahnen läuft. Es ist wie eine Achterbahn. Du steigst ein und weißt schon vorher, es geht rasant zu, sie ist ständig in Bewegung. Sie fährt rauf und sie fährt runter, mal schneller und mal langsamer, mal steil und mal flacher. Wenn du ganz oben bist, geht es nicht mehr höher. Also muss es wieder runter gehen. Wenn du ganz unten bist, geht es nicht mehr tiefer, aber danach geht es definitiv wieder rauf. Egal, wie hoch oder wie weit runter du mit der Achterbahn fährst, sie bewegt sich immer. Einmal rauf und einmal runter. Worüber regst du dich also auf? Weil dir bei der Fahrt manchmal speiübel wird? Reg dich auf und übergib dich, die Fahrt geht trotzdem weiter. Du bist in die Achterbahn eingestiegen, und solange du mit im Wagen sitzt, kannst du nur eines tun: mitfahren und das Beste draus machen."

"Ich will aber nicht, dass mir speiübel ist und Achterbahn fahren mag ich auch nicht. Ich will aussteigen", maulte der kleine Bach. "Das macht keinen Spaß."

"Du kannst nicht aussteigen, denn diese Achterbahn ist das Leben. Konzentrier dich doch nicht laufend auf die Übelkeit, sondern auf die anderen Dinge: auf den endlosen Ausblick, den du von dort oben hast. Auf den Fahrtwind, der dir die Haare zerzaust. Auf das Gefühl der Grenzenlosigkeit, wenn du rasant schnell durch die Luft jagst. Triff die Entscheidung, deinen Blick auf etwas anderes zu richten. Mach doch nicht immer alles so, wie du es immer schon gemacht hast. Verändere mal etwas. Bleib nicht laufend in deinen alten Gewohnheiten stecken. Du willst was anderes haben als bisher? Dann musst du nur etwas verändern. Wenn du nichts anderes willst, dann mach alles so wie bisher, schau auf das Gleiche wie bisher, denke das Gleiche wie bisher und fühle das Gleiche wie bisher. Entscheide dich!"

"Das ist nicht so einfach."

"Sagt wer? Du? Probier es doch erst mal aus, bevor du schon wieder das Jammern anfängst und überall nur Schwierigkeiten und Probleme siehst. Ein bisschen Mut brauchst du schon. Ein bisschen Risiko musst du auch eingehen. Aber wenn du es nicht wenigstens versuchst, wirst du nie herausfinden, ob es anders funktionieren kann oder nicht. Aus Angst einfach sitzen zu bleiben, dort wo du jetzt bist, nichts auszuprobieren, weil es vielleicht schief gehen könnte, nichts Neues tun, weil man nicht weiß, was auf einen zukommt, ist eine Möglichkeit, die sicherste womöglich. Nur, so wirst du nie herausfinden, ob es nicht doch funktionieren kann. Bleib ruhig sitzen und tu nichts, beschweren brauchst du dich dann aber auch nicht. Die Entscheidung hast du selbst getroffen, niemand anderes."

"Du bist gemein zu mir!", schimpfte der kleine Bach.

"Findest du? Ich sag dir nur die Fakten, nichts anderes. Und du weißt selbst, dass ich recht habe, sonst würdest du dich nicht so über mich ärgern. Im Grunde, ganz tief in dir drin, ärgerst du dich nämlich nur darüber, dass ich den Nagel auf den Kopf treffe. Du weißt selbst, dass du ein kleiner, jammernder, im Selbstmitleid ertrinkender und ängstlicher Bach bist. Dir das selbst aber einzugestehen, willst du nicht. Dabei würdest du nämlich vor dir selbst zugeben müssen, Fehler zu machen. Daher schiebst du lieber die Schuld auf andere und behauptest, alle sind gemein zu dir. Das ist viel einfacher, nicht wahr?"

"Ach lass mich doch in Ruhe", brummte der kleine Bach.

"Na klar, zieh dich beleidigt in deine Schmollecke zurück, streichle dir selbst übers Köpfchen und bemitleide dich weiter. Das kannst du wunderbar. Und, ganz nebenbei gesagt, wir machen trotzdem unsere Arbeit weiter, ob es dir nun passt oder nicht. Ich wünsche dir viel Spaß beim Jammern und beim Unglücklich sein."

Der kleine Bach verschränkte beleidigt die Arme vor der Brust, schniefte einmal und sah demonstrativ in die andere Richtung. Diese doofen und gemeinen Regenwolken wollte er nicht mehr sehen. Er würde sie einfach ignorieren!

"Ach ja, was ich dir noch sagen wollte, du Jammerbach", sagte die Bosswolke plötzlich. "Ganz dort hinten sah ich vor Tagen ein paar kleine Frösche, die in dir schwimmen und sich mit dir unterhalten wollten. Die freuten sich zuerst riesig, als sie dich fanden, weil ihnen ein anderer kleiner Frosch erzählte, du wärst so ein fröhlicher, hübscher Bach. Gestern hörte ich zufällig, wie sie sich unterhielten. Sie sagten, sie beobachteten dich schon eine Weile, aber du wärst so missmutig und verdrießlich, sie würden lieber weiterhüpfen. Auf so einen pessimistischen und nörgelnden Griesgram wie dich hätten sie keine Lust. Du würdest ihnen sicher nur den Tag verderben. Tja, so kann's gehen, kleiner Jammerbach. Du hättest Spaß und Unterhaltung haben können, *trotz* Regen, aber du hast die kleinen Frösche mit deiner schlechten Laune vertrieben. Und alle anderen auch. Doch nun muss ich mich wieder um die Arbeit kümmern. Mir werden die angesammelten Wassertropfen allmählich zu schwer. Ich lasse es jetzt richtig regnen. Machs gut, Miesepeterchen, und viel Vergnügen beim Trübsalblasen."

"Pah!", schnaubte der kleine Bach und zog sich zutiefst gekränkt noch tiefer in sein Bett zurück. Was erlaubte diese gemeine Wolke sich eigentlich, so mit ihm zu sprechen? Er war kein Miesepeter und auch kein Griesgram. Und diese dummen Frösche brauchte er auch nicht. Niemanden brauchte er, er konnte sehr gut alleine sein. Auf Unterhaltung konnte er auch verzichten und auf Spaß sowieso. Alle waren schlecht und gemein zu ihm. Die ganze Welt hasste ihn und niemand hatte ihn lieb. Niemand kümmerte sich um ihn. Sein ganzes Leben ging den Bach runter, er konnte es schon sehen. Niemals wieder würde er fröhlich in der Sonne dahinplätschern. Niemals wieder würde der Schwalbenschwanz kommen und auch keine anderen Insekten oder Tiere.

Ganz alleine würde er hier reglos und stumm liegen, in seinem kleinen Bettchen, den Rest seines Lebens, ignoriert von der ganzen Welt und dem ganzen Universum, bis er eines Tages ausgetrocknet sein würde. Niemand würde sich jemals daran erinnern, dass er einmal ein kleiner, fröhlicher, glasklarer Bach war mit dem riesigen Traum, irgendwann ans Meer zu kommen und mit ihm in den Wellen zu tanzen. Alle würden ihn vergessen.

Der kleine Bach vergoss bittere Tränen und tat sich ganz fürchterlich leid. Zu allem Überfluss machte die Bosswolke ihr Versprechen wahr und es begann, wie aus Eimern zu schütten. Es wurde noch kälter und ungemütlicher und mit jedem einzelnen Regentropfen wurde der kleine Bach noch unglücklicher. Er weinte still vor sich hin, bis er irgendwann einschlief.

Als er wieder erwachte und die Augen öffnete, sah alles noch düsterer aus als vorher. Am Himmel hingen neue, dunkle Regenwolken und es schüttete unaufhörlich. Er seufzte tief auf. Wieso musste das Leben so trist und freudlos sein? Schon wieder spürte er, wie die Tränen in ihm hochstiegen. Doch auf einmal sah er etwas, das ihn verwunderte. Schnell rieb er sich die Augen, damit er klar sehen konnte. Das gab es doch nicht... Oder doch?

Er zwinkerte ein paarmal kräftig, dann sah er noch einmal genauer hin. Was war denn nun passiert? War das wirklich er, der kleine Bach? Er konnte es kaum glauben, das musste ein Traum sein. Heftig kniff er sich selbst in den Arm und kuckte noch einmal hin. Doch es stimmte, das war wirklich er. Durch den ganzen tagelangen, starken Regen war er gewachsen! Er war nun ein großer Bach und kein kleiner mehr. So viel Wasser wie jetzt trug er vorher noch nie mit sich herum. Neugierig stellte er sich auf die Zehenspitzen und tatsächlich: Er war viel länger als noch vor Tagen. Sehr viel länger. Wie weit er reichte, konnte er nicht mal sehen. Die Gräser und Pflanzen an seinem Ufer, die ebenfalls gewachsen waren, verdeckten sein Ende. Er war jetzt ein großer Bach!

Alle Traurigkeit war auf einen Schlag wie weggeweht und er jubelte lauthals los. Jetzt würde er mit Sicherheit ans Meer kommen, ganz bestimmt. Ihm war zwar nach wie vor kalt und der Regen war immer noch ungemütlich, doch auf einmal kam ihm ein Gedanke. Im Grunde verdankte er dem schlechten Wetter, dass er gewachsen war. Hätte es nicht so lange und vor allem so heftig geregnet, er wäre nie so schnell gewachsen. Das Schönste daran war: Er musste sich nicht mal anstrengen. Seit Tagen lag er ganz ruhig da, ohne zu arbeiten. Während er sonst den ganzen Tag damit verbrachte, Wassertröpfchen für Wassertröpfchen zu sammeln, schenkten ihm die dicken, scheußlichen Regenwolken so viel Wasser, dass er ohne es zu merken, angewachsen war.

Natürlich waren die Tage nicht schön gewesen. Nie zuvor war er so einsam und traurig in seinem Bett gelegen und klapperte vor Kälte ununterbrochen mit den Zähnen. Er fürchtete schon, sie würden ihm vor lauter Klappern ausfallen. Aber eines wurde ihm jetzt klar: Die Bosswolke hatte recht gehabt. Lieber Himmel, die ganze Heulerei und Jammerei war umsonst gewesen! Das Einzige, das er damit erreichte, war, dass er sich die ganzen Tage fürchterlich schlecht fühlte.

Er schimpfte sich selbst, dass er sich so benommen hatte. Anstatt gemütlich im Bett zu liegen und sich über das schlechte Wetter zu freuen, weil er nicht arbeiten musste, verdarb er sich selbst die gute Laune. Jetzt verstand er erst, was die Bosswolke damit meinte, wenn sie sagte: Alles hat zwei Seiten. Die eine Seite war, das Wetter war scheußlich und er konnte es überhaupt nicht leiden. Nicht nur er, auch alle anderen, die Tiere und Insekten, versteckten sich. Es gab während dieser Tage keinen zum Reden, er war ganz alleine. Das gefiel ihm absolut nicht. Die andere Seite aber war, es hatte auch sein Gutes. Er hätte nur genauer hinsehen müssen, dann hätte er es erkannt.

Statt die Zeit mit Jammern und mit Selbstbemitleiden zu vergeuden, hätte er sie besser nutzen können: Er musste nicht arbeiten, sondern konnte faulenzen. Endlich hätte er mal Zeit für sich selbst gehabt, um zu träumen, um auszuschlafen, um sich zu erholen, um sich neue Ideen zu überlegen, um nachzudenken. Was hätte er nicht alles tun können, wenn er nicht nur herumgejammert hätte!

Die Tage waren Vergangenheit, ein für alle Mal vorbei. Und obwohl sie eigentlich gut waren, hatte er sich entschieden, sie jede Minute des Tages schlecht zu finden. Was für ein Jammer. All das, was passiert war, war sinnvoll. Die Pflanzen und Gräser um ihn herum waren größer geworden, er selbst auch. Die Bäume waren wieder richtig grün und auf den Feldern waren die Getreidesprossen in die Höhe geschossen. Alles war besser und schöner geworden, sogar er. Wieso war er nur so verbohrt gewesen und wollte nicht sehen, dass es einen guten Grund für den Regen gab?

Plötzlich lief der große Bach knallrot an und schämte sich fürchterlich. Er *wollte* all das nicht sehen. Und ja, die Bosswolke hatte schon wieder recht. Das Wetter passte ihm nicht in den Kram, weil alles so bleiben sollte, wie *er* es wollte und gewohnt war. Was war er nur für ein Dickkopf gewesen.

Nun verstand er auch, was es bedeutete, er solle akzeptieren, was ist und sich nicht dagegen sträuben. Alles verbarg immer einen Sinn in sich, auch wenn er ihn, so wie jetzt, erst später erkannte. Er begriff auch, dass sogar in allem, was zuerst schlecht aussah, etwas Gutes steckte. Man musste nur genau hinsehen, dann sah man es auch. Wieso nur hörte er nicht auf die Bosswolke? So viele Tage Trübsal und alle umsonst. Er hätte stattdessen auch fröhlich und vergnügt sein können. Schließlich gab es nichts, was nur *eine* Seite besaß. Wo etwas Schlechtes auftauchte, steckte immer auch etwas Gutes darin. Man musste nur einmal genau hinkucken.

Der große Bach wollte sich bei der Bosswolke bedanken für die wichtigen Lektionen, die sie ihm erteilte, aber sie war so beschäftigt damit, die anderen Regenwolken herumzukommandieren, dass er lieber noch abwarten würde. Die Zeit bis dahin würde er auf jeden Fall nutzen. Ja, er würde jetzt eine neue Entscheidung treffen, nämlich, sich einfach zurückzulehnen und in Ruhe abzuwarten. Der Regen musste irgendwann aufhören, es konnte nicht immer regnen. Und dann kam wieder die Sonne.

Er fühlte sich auf einmal viel besser, die gute Laune kehrte zurück und leise begann sich die Vorfreude in ihm zu regen auf das, was nach dem Regen kommen würde. Er entschied sich, sich noch ein Weilchen hinzulegen und vor sich hin zu dösen. Arbeiten musste er ja nicht. Ganz entspannt kuschelte er sich tief in sein gemütliches Bettchen. Nebenbei konnte er die Gelegenheit auch nutzen, noch einmal über alles, was ihm der Schwalbenschwanz und die Bosswolke erzählten, in Ruhe nachzudenken. Beide waren nämlich immens klug gewesen.

Der Regen ließ tatsächlich ein paar Tage später nach, der große Bach war gut erholt und allerbester Laune. Die Sonne kam wieder hervor und vertrieb die Wolken. Der Himmel leuchtete in strahlendem Blau und überall erwachte wieder das Leben. Die Vögel zwitscherten ununterbrochen, das satte, grüne Gras wogte sich in der leichten Brise, die über alles hinwegstrich und auch das Laub an den Bäumen rascheln ließ. Viele Insekten und Tiere kamen ihn besuchen.

Die Zeit der Langeweile und des Alleinseins war vorüber. Eines Tages entdeckte er sogar eine Entenfamilie, die auf seinem Wasser paddelte und ein paar große Fische, die fröhlich blubbernd in ihm herumschwammen. Noch nie zuvor waren Enten und so große Fische dagewesen! Freudestrahlend begrüßte er sie. Später hörte er, dass sie von ihm sprachen. Aber sie nannten ihn nicht mehr den großen Bach, sondern einen *kleinen Fluss* mit herrlich sauberem Wasser.

Vor lauter Freude war er fast aus dem Häuschen. Endlich war er ein kleiner Fluss! Daran mussten die Regenwolken schuld sein. Leider hatte er ihnen nicht mehr danken können für ihre Arbeit. Vor lauter Begeisterung über alles, was rund um ihn herum passierte, kam er nicht mehr dazu. Aber er nahm sich fest vor, wenn sie das nächste Mal auftauchten, dann würde er sich auf jeden Fall noch bedanken. Das musste sein. Freuen würde er sich vielleicht nicht, wenn sie wieder kamen. Es würde wieder eine sehr ruhige und nasskalte Zeit werden. Aber sie brachten nicht nur Schlechtes für ihn mit, das wusste er jetzt auch.

Jeden Tag floss er fröhlich vor sich hin und kam so Stück für Stück dem Meer näher. Sehr langsam zwar, aber immerhin, er kam vorwärts. Die Tage vergingen wie im Flug. Mal waren sie ruhiger, mal hektischer, mal schöner, mal nicht so schön, aber der kleine Fluss ließ sich die gute Laune nicht mehr so schnell verderben. Immer wieder kamen neue Tiere an sein Ufer, lobten ihn und versprachen, wiederzukommen. Häufig hatte der kleine Fluss nur wenig Zeit, um mit ihnen ein Schwätzchen zu halten. Er musste ja kräftig arbeiten, um sich weiter seinen Weg durch die Landschaft zu bahnen.

Das Erdreich war nicht immer so locker, sondern oft auch steinig und lehmig. Es kostete ihm schon viel Kraft, sich dort hindurchzuarbeiten oder kleine Biegungen und Steigungen zu überwinden. Die tauchten nun auch öfter auf. Wenn er sich abends total erschöpft schlafen legte, tat ihm jeder einzelne Knochen weh, doch er war stolz auf sich. Er lobte sich dafür, dass die ganze Arbeit, so anstrengend sie auch war, ihn wieder ein winziges Stück seinem Traum vom Meer näher gebrachte hatte. Wie lange auch immer es dauern mochte, bis er endlich dort ankam, er würde nicht aufgeben. Niemand würde ihn aufhalten. Keine Sekunde früher würde er ruhen, bis er an sein Ziel gekommen war. Und so sicher, wie aus dem gelben Ei ein Schwalbenschwanz geworden war, so sicher würde er eines Tages am Meer ankommen.

Was war nur passiert? Eines Tages war er einfach stehen geblieben und floss nicht mehr weiter. So sehr der kleine Fluss sich auch bemühte und darüber nachdachte, er kam nicht dahinter, wo der Grund dafür lag.

Den ganzen, langen Weg von der Quelle, der er einmal entsprang, bis zu dem Tag, als er ein kleiner Fluss wurde, war er nun in Gedanken durchgegangen. Von dem ganzen Nachdenken hatte er nun Kopfschmerzen und müde war er auch geworden. Es war bereits tiefdunkle Nacht. Er lauschte kurz in sich hinein, aber sein Herz schwieg. Es sagte nichts zu ihm. Na ja, dachte er. Vielleicht schlief es auch schon. Morgen musste er sich unbedingt mit ihm unterhalten. Sein Herz behauptete ja, er hätte erst aufgehört zu fließen, als er anfing, nachzudenken und nicht mehr auf sein Herzflüstern hörte.

Doch soviel er auch darüber dachte, wie alles anfing, was

dann geschah und wohin es führte, er wusste immer noch nicht, wieso er zu fließen aufhörte. Er warf sich unruhig von einer Seite auf die andere, schlafen konnte er aber nicht. Die Gedanken kreisten und kreisten wie ein Karussell, das einfach nicht stillstehen wollte. Also konnte er gleich noch einmal nachdenken. Er ging zurück zu dem Tag, als er einfach stehen geblieben war.

An jenem Morgen stand er auf und fühlte sich erschöpft. Die Tage waren anstrengend gewesen, das Wetter war drückend heiß und er musste sich durch sehr steinigen Boden kämpfen. In den Nächten schlief er nicht besonders gut. Zu viele Gedanken jagten ihm laufend durch den Kopf. So zügig er vorher auch vorwärts kam, dieses Erdreich kostete ihm unglaublich viel Kraft.

Gleichzeitig bemerkte er, wie sein Wasserstand langsam abnahm, egal wie sehr er sich bemühte, das Wasser zusammenzuhalten. Wochenlang brannte die Sonne vom Himmel. Nicht eine winzige Regenwolke tauchte am Himmel auf. Auch die Tiere fühlten sich alle schlapp und begannen, sich nach und nach zu verstecken. Sogar die Gräser und Pflanzen wurden matt und ließen ihre Blätter und Stängel hängen. Alle beschwerten sich über die unerträgliche Temperatur und nörgelten ununterbrochen. Die ganze Luft flirrte vor Hitze... und vor schlechter Laune.

Immer mehr Tiere schleppten sich an sein Ufer und stillten ihren riesigen Durst mit seinem Wasser. Die Gräser, Pflanzen und Bäume in der Nähe seines Ufers saugten ebenfalls gierig mit ihren Wurzeln an ihm. Unterhalten wollte sich keiner. Alle behaupteten, sie wären zu erschöpft und wollten nur noch schlafen. Er kämpfte und arbeitete weiter, trotz der ganzen Hitze. Hilfe bekam er aber keine von ihnen. Sie wollten nur sein Wasser, sonst nichts. Diesen faulen, undankbaren Tieren wäre es ein Leichtes gewesen, ihm beim Graben zu helfen, dachte er erbost. Sie hatten doch Schnäbel oder Pfoten! Er dagegen hatte nur sein Wasser. Und das nahmen sie ihm auch noch nach und nach weg. Wie sollte er da nur jemals vorwärtskommen? Wenn sie so weitermachten, verging ihm nicht nur der Spaß, sondern auch die Kraft.

Je weniger Wasser er mit sich trug, umso langsamer kam er weiter. Sein Ziel, das Meer, rückte schon wieder in weite Ferne. Alle nutzten ihn aus, das war klar. Und er konnte nichts, aber auch gar nichts dagegen tun. Seine Laune verschlechterte sich immer mehr. Der kleine Fluss wurde nun richtig ärgerlich. Gerne hätte er mit den Fäusten auf seine Wasseroberfläche getrommelt, um sich abzureagieren. Er fürchtete aber, dass er dadurch noch mehr Wasser verlieren könnte, wenn es in alle Richtungen spritzte. Ihm blieb nichts anderes übrig, als sich tief in sein Bett zurückzuziehen. Nur eine kleine Auszeit zum Beruhigen, bevor er weiterarbeitete.

Als er dort lag, fielen ihm die ganzen Fische ins Auge, die fröhlich herumschwammen und fraßen, was das Zeug hielt. Unmut regte sich in ihm. Sie taten so, als wäre alles in bester Ordnung und er kämpfte ums Überleben und ums Vorwärtskommen. Nicht ein einziges Mal hatten sie irgendetwas getan, um ihn zu unterstützen. Ihnen ging es nur um sich selbst. Hauptsache *sie* hatten ein schönes Leben. Er und alle anderen waren diesen dummen Fischen egal. Und was war mit diesen Steinen hier? Auch sie waren eigentlich nur Schmarotzer. Gemütlich fläzten sie sich in seinem Flussbett, taten den ganzen Tag nichts, lagen nur herum und ließen sich von ihm verwöhnen. Klar war das schön, wenn sein Wasser den ganzen Tag über ihre Rücken streichelte. Wer wollte nicht so verwöhnt werden?

Aber was war mit ihm? Er hatte niemanden, der ihn verwöhnte. Er musste arbeiten, rund um die Uhr. Es war ein einziger, kräftezehrender Kampf und niemand machte auch nur einen Finger krumm, um ihn zu unterstützen oder gar, um ihm zu helfen. Sie alle raubten ihm nur sein Wasser und auch seine

Zeit, wenn sie vorbeikamen, um Schwätzchen zu halten. Den Grund dafür ahnte er: Sie wollten ihn davon abhalten, ans Meer zu kommen. Wenn er nämlich dort angelangt war, wer unterhielt sich denn dann mit ihnen oder verwöhnte sie? Niemand!

Oh, was für gemeine Wesen sie doch alle waren! Nur, weil sie keine großen Ziele hatten und auf diesen Lebensraum hier angewiesen waren, gönnten sie ihm seinen Traum nicht! Pfui! Wie er sie alle verabscheute! Der kleine Fluss begann, sie zu ignorieren. Er antwortete ihnen nicht mehr, wenn sie erzählen wollten. Wozu auch? Das war reine Zeitverschwendung. Anstatt zu schwatzen, wollte er lieber arbeiten, um endlich von hier fort zu kommen und ans Meer. Mit so einer verlogenen, hinterlistigen und egoistischen Bande wie ihnen mochte er nichts mehr zu tun haben.

Als er das verstanden hatte, blieb der kleine Fluss einfach stehen. Die anderen würden es noch bedauern, ihn so behandelt zu haben. Er wollte sie nur eine Weile bestrafen, dann würde er richtig loslegen und davonfließen, so schnell es nur irgendwie ging.

Sehr aufmerksam beobachtete er alle die nächsten Tage. Langsam, einer nach dem anderen, blieben sie weg. Kein Wunder, sprudelte doch sein Wasser nicht mehr so klar und fröhlich vor sich hin wie bisher. Es wurde allmählich trübe. In Ufernähe setzten sich Algen und Schlamm ab und in der Luft lag ein unangenehmer Geruch. Um seine Arbeit konnte er sich nicht mehr kümmern, dafür blieb keine Zeit. Er musste aufpassen, was die anderen taten. Ein paar größere Tiere, die trotzdem noch zum Trinken kamen, keifte er böse an, bis sie freiwillig das Weite suchten.

Zuerst machte sich große Schadenfreude in dem kleinen Fluss breit. Er hatte es ihnen gezeigt! Doch irgendwann stellte er fest, dass er völlig unbeweglich in seinem Bett lag. Sein Wasser war dunkel, voll glitschiger Algen und es stank zum Himmel. Sein Bett fühlte sich äußerst unangenehm an, so glibberig und schlammig, ihm ekelte beinahe davor. Um ihn herum war es völlig still. Kein Vogel zwitscherte mehr, keine Grille zirpte, kein Frosch quakte. Auch das Brummen und Summen der Insekten verstummte.

Wenn er auf sich herunter sah, konnte er nur noch eine schwarze, faulige Brühe sehen, aber kein Wasser. Steine und Fische sah er schon gar nicht mehr. Alle mieden ihn, keiner kam mehr zu ihm. Die Sonne lachte zwar nach wie vor vom Himmel, aber sie ließ ihre Strahlen anderswo tanzen und nicht mehr auf ihm. Es kam ihm so vor, als ob auch sie den Blick von ihm abwandte. Da merkte der kleine Fluss auf einmal, wie einsam er ohne die Tiere und Pflanzen war. Ihm fehlten sogar das Blubbern der Fische und das leise, zufriedene Gemurmel der Steine, wenn er ihnen über den Rücken streichelte. Mit jedem Tag wurde der kleine Fluss unglücklicher und unbeweglicher. Ein paar Mal versuchte er, wieder zu fließen, doch nichts passierte. Sein dunkles, morastiges Wasser bewegte sich kein bisschen.

Der kleine Fluss kratzte sich am Kopf. Ja, so war das Ganze passiert. Aber sein Herz irrte sich, fiel ihm plötzlich ein. Er hörte nicht deshalb auf zu fließen, weil er anfing, nachzudenken, sondern weil er beschlossen hatte, stehen zu bleiben. Moment! Die Bosswolke sagte ihm doch einmal, wenn er etwas verändern wolle, müsse er nur eine andere Entscheidung treffen. Hm… Ob das funktionierte? Seine letzte Entscheidung war, einfach stehenzubleiben. Wenn er sich nun entschied, wieder zu fließen? Würde das klappen? Würde er wieder fließen können? Ein winziger Hoffnungsschimmer breitete sich in ihm aus. Er schloss die Augen und holte tief Luft.

"Ich entscheide mich jetzt, zu fließen", sagte er leise, aber ganz bestimmt zu sich selbst.

Der kleine Fluss wartete ein paar Minuten, dann öffnete er vorsichtig die Augen. Es war zwar schon tiefe Nacht, aber der

Vollmond über ihm leuchtete so hell wie eine große Taschenlampe. Doch das, was er im Mondschein sah, enttäuschte ihn. Er floss keineswegs, er bewegte sich auch nicht, nicht ein kleines bisschen. Überhaupt nichts passierte. Immer noch war er ein kleiner, stehender Fluss, der nicht mehr fließen konnte, egal was er tat. Die Bosswolke hatte ihn angelogen. Egal welche Entscheidung er traf, es veränderte sich gar nichts.

Noch einmal versuchte er es, etwas lauter sogar als zuvor: "Ich entscheide mich jetzt, zu fließen. Jetzt!"

Wieder wartete er ein paar Minuten und wieder passierte rein gar nichts.

Aller guten Dinge sind drei, sagte er sich. Ein allerletztes Mal würde er es noch probieren. Vielleicht sprach er zuvor nur zu leise.

"Ich entscheide mich jetzt, zu fließen. Und zwar sofort! Fließ, zum Kuckuck!", schrie er zornig in die Stille der Nacht hinein.

Doch er bewegte sich keinen Millimeter. So eine Lügenwolke! Na, der würde er das nächste Mal, wenn sie auftauchte, was erzählen. Wie konnte sie ihn nur so an der Nase herumführen! Für eine Märchenstunde war er schon viel zu alt, obwohl er nur ein *kleiner* Fluss war und kein großer. Als Pfützchen hätte er ihr das alles vielleicht noch geglaubt, aber jetzt nicht mehr. Beinahe wäre er auf ihre Geschichten hereingefallen. Pah! Und dieses dumme Herz… Das log sicher auch. Alle logen sie, alle wollten ihn nur zum Narren halten.

Womit hatte er das nur verdient? Immer half er allen, wo er nur konnte, meinte es immer nur gut mit ihnen, tat niemandem etwas Böses, war brav und fleißig gewesen. Dabei lachten sie ihn die ganze Zeit aus und benutzten ihn nur. Wieso wurde er so bestraft für seine Gutmütigkeit und Hilfsbereitschaft?

Der ganze Zorn verschwand und machte einer riesigen Portion Selbstmitleid Platz. Dicke Tränen kullerten über seine Wangen, eine nach der anderen, unaufhörlich. Wie ein kleiner Fluss, schoss es ihm durch den Kopf. Das machte ihn noch viel trauriger als vorher und er weinte noch mehr. Er weinte so lange, bis er nicht mehr konnte und irgendwann einschlief. Zuerst träumte er lauter wirre Dinge. Er sah Bilder von sich selbst, wie er immer mehr versumpfte und allmählich austrocknete.

"Nein, das will ich doch gar nicht, ich will doch ans Meer", stöhnte er auf und wälzte sich im Schlaf von einer Seite auf die andere.

Schließlich sah er, immer noch träumend, im Rückblick seinen eigenen Weg vor sich, ab dem Tag, als er der Quelle entsprang. Noch einmal sah er alles ganz genau vor sich, wie er immer mehr Wasser führte, immer größer und breiter wurde, all die Hindernisse und Probleme, die er erfolgreich überwunden hatte, all die schönen Dinge, die er erlebte bis zum heutigen Tag. All das lief in rasanter Geschwindigkeit vor seinem Traumauge ab, wie in einem Film.

Am Ende des Films sah er von weit oben auf sich selbst herab, sah den kleinen Fluss, der er war, stumm, traurig und unbeweglich inmitten einer herrlichen grünen Landschaft liegen. Überall herrschte lebhafte und fröhliche Unruhe. Er sah schwirrende und brummende Insekten, bunte Blumen, saftige Gräser und Pflanzen. Vögel zwitscherten, Frösche quakten und die goldenen Ähren auf den Feldern wiegten sich leicht in der sommerlichen Brise. Nur um ihn herum und an seinem Ufer sah und hörte er nichts. Ungute Stille und Düsternis. Alles schien abgestorben und leblos. Der Film war vorbei. Plötzlich sah er endlose Schwärze, wie in einer sternlosen Nacht, und dann erschienen grell leuchtende weiße Buchstaben, einer nach dem anderen: *Ist es das, was du aus ganzem Herzen wirklich willst?*

"Nein!", schrie der kleine schlafende Fluss erschrocken. Von seinem eigenen Schrei wachte er schweißgebadet auf. Er sah sich ängstlich um. Alles war wie vorher. Der Mond verbreitete sein milchig-weißes Licht und Millionen von Sternen strahlten am nächtlichen Himmel um die Wette, einer heller als der andere. Puh, es war nur ein Albtraum gewesen, sonst nichts...

wenn auch ein wirklich scheußlicher. Erleichtert atmete er auf und wischte sich die Schweißperlen von der Stirn.

Ist es das, was du aus ganzem Herzen wirklich willst? Die Frage leuchtete immer noch vor seinem inneren Auge auf, als wenn sie sich in sein Gedächtnis eingebrannt hätte. Nein, sagte er sich wieder, das war es nicht, was er wollte. Im Gegenteil. Er wollte auch wieder dazugehören. Er wollte nicht mehr starr und unbeweglich in seinem verschlammten Flussbett liegen. Überall gab es Leben, Freude, Spaß, alles schien in bester Ordnung zu sein. Nur bei ihm gab es nichts von alledem. Er steckte fest und kam nicht weiter. So viel er auch bislang nachdachte, so viele Gedanken er sich auch machte, so sehr er auch versuchte, den Grund zu finden, er fand ihn nicht. Alles schien so logisch zu sein, so eindeutig. Es war offensichtlich, wieso er nicht mehr fließen konnte. Doch egal, was er auch tat, er bewegte sich keinen Millimeter.

Der kleine Fluss war völlig verwirrt. Er wusste doch eigentlich alles, was er wissen musste. In dem Traumfilm lief doch noch einmal seine ganze Geschichte vor ihm ab. Das war alles tatsächlich passiert und genauso sah es auch aus. Die Realität konnte niemand leugnen. Er musste sie akzeptieren, etwas anderes blieb ihm nicht übrig. Was sollte er sonst auch tun? Es war, wie es war. Damit musste er sich abfinden. Sein Weg zum Meer endete hier. Er musste einsehen, dass er sein Ziel und seinen allergrößten Herzenswunsch niemals erreichen würde. Nichts und niemand konnte etwas daran ändern.

Trotz seiner Entscheidung, wieder fließen zu können, floss er nicht. Es ging einfach nicht. Auch das war eine Tatsache, auch das war die Realität. Der ganze Unfug, den die Bosswolke ihm erzählt hatte, war gelogen. *Triff eine andere Entscheidung.* Was für ein Unsinn! Was dabei herauskam, sah er doch selbst: nichts, gar nichts. Was auch immer er für sich entschied, er konnte an den Fakten nichts ändern. Was auch immer die Bosswolke faselte, es war nur Geschwätz. Schönes Geschwätz zwar, aber es half ihm absolut nicht weiter. Eine andere

Entscheidung zu treffen, war sinnlos. Sie änderte auch nichts an dem, was war.

Aber warum zum Kuckuck fühlte er in sich so eine riesige Ablehnung gegen diese unabänderliche Tatsache? Wieso schrie alles in ihm *Nein*? Wieso ließ dieser unsinnige und wie ein Steppenbrand lodernde Wunsch nicht nach? Wieso brannte er immer weiter und wurde stärker und stärker, je mehr er versuchte, sich mit dem, was tatsächlich war, abzufinden?

Dafür gab es nur eine einzige, logische Erklärung: Er musste verrückt sein, ganz bestimmt sogar. Normal war das jedenfalls nicht. Er sah doch ganz genau, dass es unmöglich war. So vieles hatte er schon versucht, nichts funktionierte. Das hieß, es war unmöglich. Das war die einzig logische Konsequenz aus allem, die er ziehen konnte. Alles Nachdenken und Überlegen brachte ihn nicht weiter. Er musste verrückt sein. Wer verrückt war, hatte seinen Verstand verloren. Auch das war eine Tatsache und traf wohl auf ihn zu. Wenn nicht, hätte sein Verstand eine Lösung für ihn parat, so wie immer. Diesmal ließ dieser ihn aber völlig im Stich. Das konnte logischerweise nur bedeuten, er hatte nicht nur die Fähigkeit zu fließen verloren, sondern auch seinen Verstand.

Der kleine Fluss seufzte tief auf. Das war so deprimierend! Nichts funktionierte mehr. Wieso war das Leben nur so grausam zu ihm? Ihm fielen die Worte der Logik ein: *Das Leben ist kein Wunschkonzert. Du bist eben der geborene Verlierer. Finde dich damit ab.*

Tja… Das musste er wohl tun. Ihm fiel nämlich nichts mehr ein. Sein Kopf dröhnte bereits vor lauter Nachdenken und Grübeln, gebracht hatte es ihm aber gar nichts. Also konnte er es auch bleiben lassen und sich in sein Schicksal ergeben.

"Brenne ruhig weiter, du unsinniger Herzenswunsch. Du bist nur ein Traum und wir wissen doch alle, Träume sind Schäume und gehen nie in Erfüllung. Also lass mich in Ruhe und hör auf, in mir herumzurumoren. Ich habe keine Lust mehr, für dich zu kämpfen, es hilft nichts und es funktioniert nicht. Niemals. Das

Einzige, das ich noch tun kann, ist, dich ein für alle Mal aufzugeben und abzuhaken. Wenn es sein sollte, kämen wir weiter. Tun wir aber nicht. Also soll es eben nicht sein. Ist doch logisch!", murmelte der kleine Fluss vor sich hin.

Ja, sagte er sich selbst, er würde aufgeben. Er war des Kämpfens müde. Es ging einfach nicht mehr. Ihm fehlte jegliche Kraft dazu. Vermutlich war er selbst schuld, dachte er. Zu lange hielt er an diesem unsinnigen Wunsch fest, zu lange sah er nur sein Ziel, das Meer. Dass er es niemals erreichen würde, hätte er schon längst gesehen, wenn er seinen Blick mehr auf die Realität gerichtet hätte und nicht die ganze Zeit nur auf diesen unsinnigen Wunsch.

Schön war der Traum ja gewesen, zu gern wäre er ans Meer gekommen. Doch halt! Nicht *er* war schuld an allem, sondern sein dummer Verstand. Hätte der einfach richtig funktioniert, bevor er, so wie die Tiere auch, still und heimlich einfach abhaute, es wäre gar nicht so weit gekommen. Er hätte dann nämlich die richtigen Entscheidungen getroffen. Schon längst hätte er etwas ändern können und wäre nicht so lange Zeit hinter einem völlig unerfüllbaren Wunsch hinterher gejagt.

Wieder seufzte der kleine Fluss tief auf. So war das also. Je mehr du dich auf andere verlässt, umso mehr wirst du verlassen. Wenn nicht einmal sein Verstand bei ihm blieb, wie denn dann alles andere? Auf niemanden konnte man sich verlassen. So lange alles funktionierte, blieben sie bei einem. Wenn irgendetwas schief lief, rannten sie alle davon und ließen einen im Stich. Und nun saß er von aller Welt verlassen hier in seinem morastigen und schlammigen Flussbett fest. Keiner kam ihm zu Hilfe, niemand sagte ihm, was er tun sollte, alle ignorierten ihn. Vielleicht lachten sie auch ganz schadenfroh über ihn. Wieso auch nicht? Ihnen ging es ja hervorragend. Ihr Leben machte ja Spaß, Probleme kannten sie alle nicht. Was immer sie wollten, sie erreichten es. Nur er nicht. Kein Wunder. Sie alle hatten ihn benutzt und ausgenutzt. Niemand scherte sich darum, was *er* sich wünschte oder erhoffte, ihnen ging es nur um ihre eigenen Interessen. Wie ungerecht konnte die Welt eigentlich sein?

Nur gut, dachte er, dass er es endlich begriff. Er war dumm genug gewesen, sich von ihnen benutzen und kaputtmachen zu lassen. Doch er war schließlich nicht Don Quijote, der gegen Windmühlen kämpfte. So wie dessen Kampf aussichtslos war, so war es auch seiner. Das Einzige, das ihm logischerweise übrig blieb, war aufzugeben. Gewinnen würde er sowieso nicht. Wieso sich also weiter anstrengen und bemühen? Die Logik hatte schon recht gehabt: Wenn es keine funktionierende Lösung für ein Problem gab, gab es nur eine logische Lösung: Es akzeptieren und aufgeben. Er musste also seinen Traum ein für alle Mal begraben. Wieso war er nur nicht früher darauf gekommen?

Der kleine Fluss brauchte nicht lange zu überlegen, denn die Antwort auf diese Frage schoss ihm pfeilschnell durch den Kopf: weil alles in ihm schrie, dass er trotzdem ans Meer kommen wollte! Ganz tief in ihm raunte ihm unaufhörlich dieses dumme Ding namens Hoffnung zu: *"Du kannst es, wenn du es nur von ganzem Herzen willst."*

Pah! Von wegen, dachte er. Auch wenn sein Herz vor Sehnsucht danach explodieren würde, es ging trotzdem nicht. Doch Moment! Das war ein gutes Stichwort. Das Herz! Dieser sinnlose, nervige und verlogene Quälgeist, der ihm - wie ein Papagei - immer das Gleiche zuflüsterte... Jetzt würde er mit dem Herzen Tacheles reden. Es sollte endlich einmal den Mund halten. Er brauchte es nicht, jetzt nicht und niemals. Dieses überflüssige Herz diente nur einem Zweck, nämlich ihn zu quälen. Ständig tat es weh und gaukelte ihm zuckersüße Träume vor. Es machte ihn völlig blind für alles, was um ihn herum passierte. Nur seinetwegen sah er nicht mehr, was wirklich da draußen vor sich ging. Dieses Herz war so hinterhältig, dass es ihm ununterbrochen den Blick auf die Realität versperrte. Nein, so etwas brauchte und wollte er nicht. Nicht mehr. Im Leben ging es um etwas ganz anderes. Mit

Herzensgesäusel kam man nicht weiter, nur mit einem klaren Verstand und dem ungetrübten Blick auf die Tatsachen. Das Herz besaß weder das eine noch andere, es war dumm. Sehr dumm sogar. Je mehr man auf dieses Herz hörte, umso dümmer wurde man selbst.

Der kleine Fluss nickte heftig. So war es und nicht anders. Er selbst war so dumm gewesen und ließ sich von dem süßlichen Gesäusel einwickeln. Damit war nun aber Schluss. Er würde es von nun an genauso wie die anderen machen: Nur seinen eigenen Vorteil im Auge behalten, andere benutzen und austricksen, blitzschnell reagieren und zurückschlagen. Nur mit Härte und spitzen Ellbogen kam man vorwärts. So sah es aus und es war mehr als einleuchtend. Die anderen machten es so und bei ihnen funktionierte alles. Logisch, dass es dann auch bei ihm klappen musste, wenn er es genauso machte. Er rieb sich die Hände.

"Euch werde ich es zeigen. Was ihr könnt, kann ich schon lange. Pah!"

Aber zuerst musste er sich dieses dumme, verlogene Herz vorknöpfen. Er würde es am Kragen packen, ganz gehörig durchschütteln und dann mit einem Tritt auf den Mond befördern... oder noch weiter weg. Zuvor würde er ihm aber noch richtig die Meinung sagen.

Wütend sah er sich um, konnte das Herz aber nirgends entdecken.

"Hey Herz, los, komm raus aus deinem Versteck, ich muss mit dir reden."

Der kleine Fluss lauschte, hörte aber nichts. Schlief dieses nervige Ding etwa noch?

"Hey Herz, ich rede mit dir, also antworte mir!"

Wieder horchte er in sich hinein, aber er bekam keine Antwort. Das war ja wieder mal typisch! Kaum brauchte man es einmal, hüllte es sich in Schweigen. Nur wenn man es überhaupt nicht brauchen konnte, dann plapperte es ununterbrochen Unsinn vor sich hin. Wozu man dieses überflüssige Ding überhaupt brauchte, war ihm schleierhaft. Es verursachte schließlich nichts als Ärger. Er wollte schon wütend werden, weil es ihn einfach so ignorierte und nicht mit ihm sprach. Stattdessen überfiel ihn aber urplötzlich tiefste Traurigkeit. Nicht einmal sein Herz wollte mehr mit ihm reden, sogar das hatte ihn verlassen. Noch nie in seinem Leben fühlte er sich so einsam wie in diesem Moment.

In seiner Brust krampfte sich alles zusammen und es schmerzte unsagbar. In seinem Hals steckte so ein riesiger Kloß, dass er kaum atmen konnte. Seine Augen füllten sich wieder einmal mit dicken Tränen.

Wehtun kannst du, Herz, aber reden willst du nicht mit mir, dachte der kleine Fluss betrübt.

"Ich spreche doch immer mit dir, kleiner Fluss, du hast mich vorhin nur nicht gehört", sagte das Herz zu ihm.

"Stimmt doch gar nicht! Du hast mir nicht mal geantwortet."

"Doch, habe ich. Das mache ich immer."

"Warum zum Kuckuck redest du nicht einfach lauter, sodass ich dich auch hören kann?"

"Ach kleiner Fluss, du weißt doch, ich spreche immer leise mit dir. Die anderen schreien alle schon laut genug."

"Darum kann ich die auch verstehen, dich aber nicht", brummte er missmutig.

"Du musst nur hin und wieder ganz ruhig werden und den ganzen Alltagslärm und Trubel um dich herum abschalten. Dann verstehst du mich ganz deutlich."

"Ach ja? Und wie mach ich das?"

"Sieh nicht hin, was die anderen tun und hör nicht hin, was die anderen sagen. Mach die Augen zu und konzentriere dich nur darauf, wie ich mich anfühle. Schon kannst du mich hören."

"Das klappt doch nicht! Du sagst es doch selbst, die anderen sind viel zu laut. Ich kann sie nicht überhören."

"Wenn du es willst, dann kannst du es."

"Das klappt nicht!", sagte der kleine Fluss erzürnt. "Ich höre sie trotzdem noch."

"Konzentriere dich nur auf mich und auf dein Gefühl, dann werden ihre Stimmen immer leiser, bis du sie gar nicht mehr hörst… selbst wenn sie weiterreden. Du kannst dich nicht auf zwei Dinge gleichzeitig konzentrieren. Entscheide dich einfach, worauf du deine Konzentration richten möchtest, dann blendest du das andere ganz automatisch aus."

"Na, ich weiß nicht. Ich werde es nächstes Mal ausprobieren, auch wenn ich nicht glaube, dass es funktioniert."

Das konnte nicht klappen, dachte der kleine Fluss zweifelnd. Niemals! Sein Herz erzählte ihm gerade Unsinn.

"Nein, das tue ich nicht. Du kannst es mir ruhig glauben und du kannst mir vertrauen. Ich belüge dich nicht, kleiner Fluss."

"Sag mal, woher weißt du… Kannst du etwa Gedanken lesen?"

"Kann ich, ja. Ich weiß immer, was du denkst und ich antworte dir immer darauf. Du hörst mich dann vielleicht nicht, weil du dich zu sehr mit deinen Gedanken, der Angst, der Vernunft, dem Verstand, der Logik oder der angeblichen Realität beschäftigst, aber ich spreche trotzdem mit dir."

"Pah! Wie denn?"

"Ich lasse dich meine Antwort *fühlen*, wenn du sie nicht hören kannst oder willst."

"Hm." Der kleine Fluss kratzte sich nachdenklich am Kopf. Sein Herz ließ ihn die Antwort *fühlen*? Das war aber eine komische Sprache! "Du bist es also, der mich unglücklich, verlassen und benutzt fühlen lässt. Wusste ich es doch. Du bist gemein zu mir!"

Das Herz schüttelte den Kopf.

"Nein, wer dich so fühlen lässt, bin nicht ich, sondern dein Verstand. Der mischt sich immer in alles ein und will alles besser wissen."

"Na, tut er doch auch, das siehst du ja selbst!"

"Richtig ist, dass ich spüre, was er tut. Dass es nicht immer richtig ist, was er tut, spüre ich aber auch. Denn wenn du bei allem nur das siehst, was er sieht, dann siehst du nämlich nicht richtig."

Der kleine Fluss starrte völlig entgeistert auf das Herz.

"Was faselst du da von richtig und nicht richtig sehen? Ich verstehe überhaupt nichts. Du sprichst in Rätseln."

Das Herz zwinkerte ihm zu.

"Das war die Kurzfassung. Lass es mich dir erklären. Dann verstehst du, was ich meine."

"Na, kucken wir mal. Also, erklär's mir."

"Was auch immer du hörst oder siehst, dein Verstand hört und sieht es auch und er sagt dir, wie er es versteht. Das ist das, was du immer als Realität oder als Fakten bezeichnest. Du kannst es aber auch anders ausdrücken: Diese ganze Realität oder die Fakten sind nichts anderes als lediglich die *Meinung deines Verstandes*, nicht mehr und nicht weniger."

"Was heißt denn hier, seine Meinung? Das sind doch pure Tatsachen, was er sagt. Er sieht die Dinge, wie sie wirklich sind, ohne irgendwelchen rosaroten oder himmelblauen Schnickschnack. Das hat nichts mit Meinung zu tun, sondern mit Wahrheit, Wissen und Logik."

"Wer sagt das, kleiner Fluss? Dein Verstand?"

"Ja, logisch!"

"Und das ist die Wahrheit für dich, oder?"

"Natürlich, was denn sonst?"

"Das heißt, du bist seiner Meinung. Stimmt's?"

"Aber sicher doch, weil es auch so ist."

"Vorhin sagtest du aber, es ist *keine* Meinung, sondern pure Tatsache. Dabei hast du selbst hierbei eine *Meinung*, nämlich die gleiche wie er. Du widersprichst dir wieder mal."

"Ach verdreh mir nicht laufend die Worte im Mund. Fakt ist, dass er recht hat und er sagt die Wahrheit. Basta!"

"Die Wahrheit ist, dass *er* es so sieht."

"Ja, weil es stimmt."

"Warum?"

"Na, weil es richtig ist und logisch."

"Nur weil etwas logisch zu sein scheint, muss es aber nicht richtig oder wahr sein."

"Doch!" Der kleine Fluss stampfte mit dem Fuß auf. "Wieso begreifst du das nicht?"

"Weil ich die Dinge und auch die Wahrheit mit anderen Augen sehe als dein Verstand. Als Herz bin ich für die Liebe und die Gefühle zuständig, nicht für die Logik. Dein Verstand ist für die Logik zuständig, aber nicht für die Liebe und die Gefühle. Du weißt ja, alles hat zwei Seiten. Der Verstand sieht es aus seiner Sicht, ich sehe es aus meiner."

"Und was heißt das nun?"

"Lass es mich dir an einem Beispiel erklären. Nehmen wir den kleinen Frosch, der dir neulich sein schönstes Lied vorgesungen hat. Erinnerst du dich?"

"Oje!", stöhnte der kleine Fluss. "Was für ein schauerliches Gequake!"

Das Herz schmunzelte.

"Dein Verstand sagte zu dir, singen können nur Vögel und Frösche können nur quaken. Ein Frosch ist aber kein Vogel, also ist es logisch, dass er auch nicht singen kann. Stimmt's?"

"Ganz genau", pflichtete der kleine Fluss ihm bei. "So ist es. Das ist die Wahrheit."

"Das ist *Logik*, kleiner Fluss. Die Wahrheit kann ganz anders aussehen, je nachdem, von welcher Seite aus du etwas betrachtest."

"Unsinn! Wenn etwas logisch ist, stimmt es auch. Und wenn es stimmt, ist es die Wahrheit."

"Meinst du?"

"Aber ganz bestimmt! Wenn du etwas anderes behauptest, dann… dann lügst du!"

Siegessicher verschränkte der kleine Fluss die Arme vor der Brust. Jetzt musste es sogar diesem dummen Herzen einleuchten.

"Nicht alle Vögel können singen, kleiner Fluss. Die Amsel

zum Beispiel singt wunderschön. Turmfalken schreien immer nur *kikikikiki*. Mit Singen hat der Ruf des Turmfalken gar nichts zu tun. Es ist weder eine Melodie noch ein Lied, und doch ist er ein Vogel. Wenn das also, was logisch wäre, auch *immer* die Wahrheit ist, müsste der Turmfalke singen können. Genauso wie die Spatzen. Aber sie machen immer nur *tschiep tschiep*, das ist auch nicht singen."

"Ja, aber…" Der kleine Fluss brach ab und kratzte sich wieder einmal völlig verwirrt am Kopf. Neulich weckte ihn tatsächlich erst ein Turmfalke auf mit seinem lauten, durchdringenden Geschrei. Mit Gesang hatte das nun wirklich nichts zu tun und schön klang es gar nicht, trotzdem: Der Turmfalke hatte Flügel, Federn, einen Schnabel und er flog durch die Lüfte. Es gab nichts daran zu rütteln: Der Turmfalke war ein Vogel. Aber singen… Nein, singen konnte er nicht. Die Spatzen mit ihrem tschilpenden Geplärre genauso wenig, aber auch Spatzen waren Vögel, das wusste er ganz genau.

"Aber was? Du sagtest doch, was logisch ist, stimmt und was stimmt, ist die Wahrheit."

"Hm… Warte einen Moment, Herz, lass mich kurz nachdenken."

Der kleine Fluss grübelte hin und her, doch irgendetwas an dieser Logik passte nicht so ganz. Klar, Vögel konnten singen. Kühe, Feldhasen, Mäuse, Bienen, Grashüpfer und auch Frösche konnten es nicht. Sie gaben zwar Laute von sich, aber Gesang war es eindeutig nicht. Nicht mal Enten konnten wirklich singen, obwohl auch sie zu den Vögeln gehörten. Na ja, Wasservögel… Aber Vogel war Vogel, schließlich besaßen sie alle zwei Flügel, einen Schnabel und konnten fliegen. Nur, wieso konnten die einen wunderschön singen und andere dagegen nicht? Wenn nur Vögel singen konnten, dann doch alle. Wäre zumindest logisch. Warum taten sie es dann nicht?

"Weißt du, Herz, das mit den Vögeln ist mir viel zu kompliziert. Ich kenne mich mit Vögeln und Fröschen nicht so aus. Das ist ein schlechtes Beispiel", wiegelte er ab in der

Hoffnung, das Herz würde nun endlich Ruhe geben mit diesem Unsinn.

Das Herz unterdrückte mühsam ein Grinsen. Es räusperte sich kurz und sagte dann:

"Also gut, kleiner Fluss. Dann gebe ich dir ein anderes Beispiel. Eines, bei dem du mit Sicherheit sehr gut Bescheid weißt."

"Na, da bin ich gespannt."

"Wenn etwas fließt, ist es im Fluss. Ist das logisch?"

"Na aber absolut."

"Ist das auch die Wahrheit?"

"Natürlich! Was fließt, ist im Fluss. Und was im Fluss ist, fließt."

"Also ist es logisch und wahr, dass ein Fluss fließt?"

"Ja sicher!"

"Wenn das logisch und somit wahr wäre, warum fließt du dann nicht? Du bist doch ein Fluss, also kannst du fließen." Augenzwinkernd fügte es hinzu: "Ist doch logisch, oder?"

"Oh, wie abscheulich du bist!", heulte der kleine Fluss auf. "Warum musst du so böse Dinge zu mir sagen!"

"Wieso bin ich abscheulich? Alles Logische stimmt und ist wahr und wenn ich was anderes behaupte, lüge ich. Das sagtest du vorhin doch selbst."

"Du weißt ganz genau, dass ich nicht fließen kann. Deshalb musst du mich nicht verspotten, du boshaftes Ding!"

"Ach kleiner Fluss, das tue ich doch gar nicht." Liebevoll streichelte das Herz ihm übers Köpfchen. "Ich möchte dir nur zeigen, dass etwas sehr wohl logisch aussehen mag, aber nicht immer die Wahrheit sein muss. Du *bist* ein Fluss und es mag logisch sein, dass ein Fluss fließt. Das ist aber nur *eine* Seite. Die *andere* Seite ist, dass ein Fluss auch mal stehen bleiben und *nicht* fließen kann, aus welchen Gründen auch immer. Trotzdem bist du noch ein Fluss. Was ich dir sagen will, kleiner Fluss, ist folgendes: Sieh dir ruhig die Logik an, aber betrachte sie nicht als einzige und vollständige Wahrheit. Denn manchmal gibt es Dinge, die man nicht auf den ersten Blick sehen oder erkennen kann. Das heißt aber nicht, dass sie nicht existieren. Verstehst du, was ich meine?"

Der kleine Fluss schniefte und zuckte dann mit den Schultern.

"Nicht so ganz, Herz."

"Schau doch mal, bei dir ist es doch genauso: Den Grund, warum du nicht mehr fließen kannst, den sieht niemand. Alle können dich stunden-, tage- oder wochenlang ansehen, niemand wird den Grund mit seinen Augen erkennen können. Und doch *gibt* es diesen Grund. Der liegt aber ganz tief verborgen, irgendwo in dir drin. Dir ist er doch im Moment selbst nicht einmal bewusst. Wäre er das, dann wüsstest du doch, warum du einfach stehen geblieben bist und könntest wieder anfangen, zu fließen. Meinst du nicht auch?"

"Ja, schon… Aber ich kann ja nicht!"

"*Im Moment* kannst du nicht, kleiner Fluss. Daher machst du dir doch so viel Arbeit damit, herauszufinden, was der Grund dafür ist. Wenn du ihn gefunden hast, dann kannst du ihn beseitigen und wieder das tun, was ein kleiner Fluss am liebsten tut: Fließen. Stimmt's?"

"Stimmt, Herz. Du hast völlig recht. Aber ich finde diesen vermaledeiten Grund einfach nicht und deshalb werde ich nie mehr fließen können", jammerte er.

"Du immer mit deiner Logik", schmunzelte das Herz. "Wird dir das auf Dauer nicht zu anstrengend?"

"Was?"

"Immer nur der Logik zu folgen. Das bedeutet doch ständiges Nachdenken und Grübeln."

"Was soll ich denn sonst tun? Ohne Nachdenken komme ich doch bei meinem Problem nicht vorwärts und Lösung finde ich schon gar keine. Wahrscheinlich habe ich noch viel zu wenig nachgedacht, sonst wüsste ich sicher schon, was ich tun muss, um wieder fließen zu können."

"Nun ja, das ist *eine* Seite und *ein* Weg, und zwar der

komplizierte, anstrengendere. Die *andere* Seite und der *andere* Weg wäre der einfache. Warum gehst du den nicht mal zur Abwechslung?"

"Pah! Als wenn's einfach auch ginge... So ein Quatsch!"

"Es gibt immer auch einen *einfachen* Weg, den man gehen kann."

"Wenn mir die Lösung zu meinem Problem einfallen würde, dann wäre es mehr als einfach. Ich bräuchte nur machen und weg wäre es, das Problem. Mir fällt sie aber nicht ein, du dummes Herz, heißt also für mich, weiter nachdenken und grübeln. Und das ist absolut *nicht* einfach, wenn dir nichts mehr einfällt."

"Das glaube ich dir gerne, daher habe ich dir ja vorgeschlagen, mal den einfachen Weg zu gehen."

"Meine Güte, du bist echt nervig und du sprichst in Rätseln. Kannst du dich vielleicht auch mal klar und deutlich ausdrücken?"

Das Herz lachte amüsiert auf.

"Das tue ich doch, kleiner Fluss. Geh zur Abwechslung mal den *einfachen* Weg, dann funktioniert es auch wieder mit dem Fließen."

"Toller Ratschlag", höhnte er. "Und was ist der einfache Weg?"

"Hör auf dein Herz und knipse den Verstand und das Grübeln einfach mal aus."

"Ja klar, und was kommt dabei heraus? Nichts als Unfug. Ich hab's doch gesehen. Als ich das Nachdenken nur mal kurz aufgehört habe, blieb ich plötzlich stehen. Nichts war mehr mit Fließen. Du siehst also, es ist wichtig und notwendig, ständig nachzudenken."

"*Manchmal* ist es wichtig und notwendig, aber nicht ständig", korrigierte das Herz. "Je mehr du nämlich am Grübeln bist, umso mehr sogenannte Probleme siehst du plötzlich, die vorher gar nicht da waren."

"Was für ein Quatsch!", brauste der kleine Fluss auf. "Was

soll ich denn sonst tun, wenn ein Problem da ist? Mich zurücklehnen, Däumchen drehen und es genießen? Ist doch logisch, dass ich dann Nachdenken muss, um eine Lösung dafür zu finden."

"Und dann findest du eine Lösung für dein Problem?"

"Aber sicher."

"Dann erklär mir, kleiner Fluss, warum du dann immer noch nicht am Fließen bist. Du denkst nach und denkst nach, schon seit Tagen und Wochen. Trotzdem stehst du immer noch."

"Das brauchst du mir nicht sagen, du dummes Herz, das weiß ich selbst! Ist ja auch kein Wunder, wenn ich laufend beim Nachdenken gestört werde."

Das Herz schüttelte den Kopf.

"Ich habe dich nicht gestört. Du hast mir doch nicht mal zugehört."

"Weil du nur Unsinn faselst, deshalb!"

"Ach so", sagte das Herz und schmunzelte vor sich hin. "Na dann bin ich eben still. Und ich dachte bisher, du wolltest eine Lösung für dein Problem haben."

Der kleine Fluss spitzte die Ohren.

"Eine Lösung? Natürlich will ich eine Lösung haben. Hast du denn eine?"

"Ich habe immer eine Lösung, auch dieses Mal. Ich flüstere sie dir schon die ganze Zeit zu, aber…"

"Was aber?"

"Sagtest du nicht, ich fasle nur Unsinn und deshalb hörst du mir gar nicht mehr zu?"

"Schon, nur…" Der kleine Fluss brach ab und überlegte blitzschnell. Das Herz flüsterte ihm die ganze Zeit die Lösung zu? Was, wenn das nun stimmte? Was, wenn er schon längst wieder hätte fließen können, wenn er nur zugehört hätte? Dann hätte er sich schon lange wieder auf den Weg zum Meer machen können. Dann könnte er vielleicht doch noch sein Ziel erreichen und sich seinen größten Wunsch erfüllen. Andererseits, wie wollte dieses dumme Herz eine passende

Lösung für ihn haben? Es konnte doch nicht mal logisch denken. Gemein war es ohnehin. Hätte es ihm wirklich helfen wollen, wieder fließen zu können, dann hätte es ihm die Lösung doch nicht nur unhörbar leise zugeflüstert, sondern hätte sie ihm sicher ins Ohr gebrüllt. *Typisch*, dachte der kleine Fluss. Er wusste es doch die ganze Zeit schon. Dieses dumme Herz war überflüssig, es verursachte nur weitere Probleme. Ob es nun mit ihm sprach oder nicht, es machte alles nur komplizierter, als es ohnehin schon war. So etwas brauchte er nicht. Sein Leben war im Moment kompliziert genug.

"Du hast gar keine Lösung für mich, gib's zu. Du lügst mich nur an."

"Warum sollte ich, kleiner Fluss? Ich möchte doch, dass es dir gut geht. Für mich gibt es nichts Schöneres, als wenn du glücklich bist. Nichts anderes wünsche ich mir für dich und dabei möchte ich dir helfen."

"Pah! Dann sag mir doch deine angeblich einfache Lösung!"

"Das muss ich gar nicht. Du weißt sie selbst. Du trägst sie bereits in dir."

Der kleine Fluss stöhnte auf.

"Ist ja wieder mal typisch für dich, nur hübsch weitermachen mit Rätselraten und Geheimniskrämerei. Bloß nichts verraten. Du wirfst mir irgendwelche Brocken hin und ich soll die ganze Denkarbeit machen. Aber mir dann vorhalten, ich grüble zu viel."

Nun seufzte das Herz auf.

"Ach kleiner Fluss, warum machst du es dir selbst so schwer? Ist dir kompliziert so viel lieber als einfach?"

"Muss wohl so sein. Sonst würde ich mich nicht mit *dir* unterhalten", spöttelte der kleine Fluss. "*Du* verkomplizierst doch alles bis zum Abwinken, nicht ich. Du bist total verdreht. Mein Verstand dagegen ist geradlinig und logisch. Das ist tausendfach einfacher zu verstehen als dich und dein Gefasel."

"Darum hast du die Lösung für dein Problem ja auch schon gefunden, stimmt's?" Das Herz begann breit zu grinsen.

"Ja ja, verspotten kann ich mich selbst", brummte der kleine Fluss missmutig.

"Mal eine andere Frage, du lieber, kleiner Dickkopf. Denk mal an die Zeit zurück, als du noch geflossen bist. Du hast dir deinen Weg durch die Landschaft gebahnt, Stück für Stück. Manchmal war das Erdreich auf deinem Weg doch ziemlich hart und steinig, stimmt's?"

"Oh ja, und wie!"

"Aber du wolltest unbedingt an dein Ziel kommen. Was hast du also getan, wenn du an so eine Stelle gekommen bist?"

Der kleine Fluss überlegte nicht lange, sondern antwortete prompt:

"Na, ich hab mich durchgekämpft, so gut es ging. Und wenn's nicht möglich war, dort durchzukommen, bin ich eben drum herum geflossen."

"Du hast also zuerst probiert, auf dem ausgesuchten Weg zu bleiben. Wenn es dort aber partout nicht weiterging, hast du einen anderen Weg genommen, der vielleicht länger, dafür aber einfacher war. Und es hat geklappt, du kamst vorwärts. Richtig?"

"Ganz genau." Der kleine Fluss nickte nachdenklich, denn irgendwie fühlte er sich auf einmal recht merkwürdig. Irgendetwas tat sich in ihm. So ähnlich wie jetzt fühlte er sich früher, wenn er endlich ein Stückchen Erdreich zum Flussbett umgewandelt hatte.

"Na also", sagte das Herz zufrieden. "Du weißt es doch."

Ein leichtes Zittern überfiel den kleinen Fluss und er spürte, wie seine Hände feucht wurden vor Aufregung. Doch das Herz sprach nicht weiter. Seltsam. Wieso schwieg es denn auf einmal?

Ist doch logisch, hörte er seinen Verstand und die Logik gemeinsam aufjaulen. *Weil es -*

"Ach haltet doch jetzt die Klappe!", brauste der kleine Fluss auf. "Ich kann das Herz nur hören, wenn ihr zwei still seid. Und ich spür es doch, es will mir was ganz Entscheidendes sagen. *Du* störst mich jetzt nicht, Verstand, und die Logik auch nicht, also haut sofort ab, alle beide!"

Plötzlich war wieder Stille in seinem Kopf, sein Verstand und die Logik hatten sich schmollend zurückgezogen.

"Bravo, kleiner Fluss!", lobte das Herz.

"Bravo? Wofür denn?"

" Ich wusste doch, du kannst es von ganz alleine."

"Was meinst du?"

"Du hast den ersten Schritt zu deiner Lösung gefunden."

"Ich? Wieso? Nein, hab ich nicht."

"Du spürst es doch, dieses ganz Entscheidende. Schau genau hin, kleiner Fluss. Du hast die Lösung in dir!", flüsterte das Herz eindringlich.

"Hm", brummte der kleine Fluss. Es stimmte, er spürte etwas. Die Frage war nur, was? Er fühlte sich zappelig, aufgeregt, voller Vorfreude. Aber warum nur? Und vor allem, auf was begann er sich zu freuen?

"Hilf mir doch bitte, Herz. Ich komme nicht drauf. Gib mir wenigstens einen Tipp."

"Also gut. Mach die Augen zu und fühle."

"Ich bin aber viel zu aufgeregt, um zu fühlen. Ich weiß nur nicht, wieso!"

"Du bist aufgeregt, *weil* du es fühlst."

"Nun mach es doch nicht so spannend! *Was* fühle ich?"

"Dass die Lösung für dein Problem vielleicht noch wie ein durcheinandergewürfeltes Puzzle aussieht, aber du weißt, du hast sämtliche Teile dafür und die ersten, passenden hältst du schon in der Hand."

Verblüfft sah der kleine Fluss auf das Herz.

"Wahnsinn! Genauso fühle ich mich, ich konnte es nur nicht beschreiben. Woher weißt du das?"

Das Herz lächelte ihn warm an.

"Ich weiß sehr vieles, du lieber, kleiner Fluss. Ich weiß es schon, bevor du es weißt. Man nennt es auch die *Weisheit des Herzens*."

"Aber… Aber woher weißt du das alles?"

"Ich weiß es von deiner Seele. Sie und ich, wir wollen beide das Gleiche, nämlich dass du glücklich bist."

"Oh!", rief der kleine Fluss erstaunt aus. "Du meinst dieses hell leuchtende Ding? Das mit der ganz leisen Stimme?"

"Ganz genau, das meine ich."

"Die hat aber nie mehr mit mir gesprochen. Ich glaube, ich habe sie verloren", sagte er ganz enttäuscht.

"Du kannst sie nicht verlieren. Sie ist überall in dir. Aber nun kümmern wir uns um dein Puzzle."

"Ja, auf jeden Fall. Wo sind denn jetzt die Teile, die ich schon in der Hand halte?" Der kleine Fluss schnappte nach Luft. "Ach, ich bin *so* zappelig und aufgeregt!"

"Ich weiß", schmunzelte das Herz. "Den ersten, richtigen Schritt hast du schon gemacht, sogar ohne lang zu überlegen, sondern einfach so, ganz spontan."

"Welchen denn?"

"Du hast dem Verstand und der Logik gesagt, sie sollen mal Ruhe geben, damit du mich besser hören kannst."

"War das denn richtig?"

"Absolut richtig. Du weißt doch, ich flüstere nur und die beiden schreien so laut wie ein Papagei. Wenn du etwas Leises hören willst, musst du nur den Lärm abstellen."

Erleichtert atmete der kleine Fluss auf.

"Na, wenn ich schon eines richtig gemacht habe, dann bin ich schon beruhigt. Jetzt kann es ja nur gut werden, meinst du nicht auch?"

Das Herz nickte.

"Den zweiten und richtigen Schritt hast du auch schon gefunden."

"Welchen denn? Komm, sag's mir bitte. Mach es nicht so spannend!", bettelte der kleine Fluss vor lauter Ungeduld. Er hatte etwas richtig gemacht. Das fühlte sich nicht nur wunderbar an, sondern ließ auch die Hoffnung wieder in ihm aufblitzen, bald wieder fließen zu können. Wenn er das schaffen würde, dann käme er auch ans Meer. Ganz bestimmt!

"Frag doch mal ganz kurz die Erinnerung. Sie kann dir noch mal sagen, wie das mit dem steinigen Erdreich war, das du zum Flussbett machen wolltest."

"Die Erinnerung? Erzählt die mir nicht immer den gleichen Unsinn und will mich wieder zu ihrer Schwester, der Angst, zerren?"

"Nicht immer, kleiner Fluss. Du weißt doch, alles hat zwei Seiten. Manchmal ist die Erinnerung nicht förderlich und nützlich, manchmal dagegen schon. Frag sie, aber diskutier nicht mit ihr!"

"Okay, warte schnell, bin gleich wieder da."

Der kleine Fluss tauchte kurz unter, um sich besser konzentrieren zu können.

"Hallo, Erinnerung!", rief er. "Sag mir doch schnell mal, wie das mit dem steinigen Weg war. Ich floss damals durch die Landschaft und traf auf steiniges Erdreich, durch das ich hindurch wollte. Und dann?"

"Du hast dich durchgekämpft, so gut es ging. Und wenn's nicht möglich war, dort durchzukommen, bist du eben drum herum geflossen", antwortete die Erinnerung prompt.

"Danke!", rief der kleine Fluss ihr zu. "Weißt du, ich unterhalte mich gerade mit dem Herz. Ist das spannend!"

"Das gleiche Herz, das dir immer so wehtat, das dir -"

Frag sie, aber diskutier nicht mit ihr, hörte er ganz leise das Herz sagen.

"Alles hat zwei Seiten, Erinnerung. Ich muss weg!"

Schnell tauchte der kleine Fluss wieder auf.

"Puh!", ächzte er. "Gerade noch mal gut gegangen. Die wollte mir schon wieder uralte Dinge erzählen."

"Gut gemacht, kleiner Fluss", lobte das Herz. "Du hast sie gefragt, aber nicht mit ihr diskutiert. Ich bin stolz auf dich. So ganz nebenbei würde es mich interessieren: Wie fühlt es sich für dich an, wenn du auf meine Ratschläge hörst?"

"Ich könnte hüpfen und singen, so herrlich fühlt es sich an!"

"Das freut mich, zu hören. Was sagte sie nun zu dir wegen des steinigen Erdreichs?"

"Sie sagte, ich habe mich durchgekämpft, so gut es ging. Und wenn's nicht möglich war, dort durchzukommen, bin ich eben drum herum geflossen."

"Das ist der zweite Schritt, von dem ich gesprochen habe, kleiner, lieber Fluss."

"Hm", brummte er leise vor sich hin. Dann klatschte er auf einmal in die Hände. "Ich hab's! Wenn's auf dem einen Weg nicht weiter geht, dann muss ich einen anderen gehen. Stimmt's?"

"Bravo!" Das Herz klopfte dem kleinen Fluss anerkennend auf die Schulter. "Schon wieder ein Puzzle-Teilchen, das passt."

Vor lauter Freude bekam der kleine Fluss glühend rote Wangen und Ohren. "Lass uns weitermachen. Ich spür ganz genau, die Lösung… Ich komm ihr immer näher!"

"Ganz bestimmt sogar. Auch den nächsten Schritt weißt du schon."

"Warte einen Moment… Es geht also um den Weg. Den einen muss ich verlassen, und einen anderen gehen. Aber welchen?"

"Fang bei dem Weg an, den du einmal verlassen solltest. Welchen bist du denn bisher gegangen?"

Der kleine Fluss zuckte mit den Schultern.

"Das weiß ich nicht."

"Doch, du weißt es. Schau dir den Weg genau an, auf dem du versucht hast, dein Problem zu lösen. Anders ausgedrückt, wie hast du es denn bisher probiert?"

"Durch Nachdenken", platzte es aus dem kleinen Fluss heraus. "Ich habe die ganze Zeit gegrübelt und nachgedacht."

"Das ist richtig. Und womit?"

"Na, mit dem Verstand. Womit denn sonst?"

"Du hast also nur mit dem Verstand nachgedacht."

"Na klar, womit soll ich denn sonst denken?"

Das Herz begann zu schmunzeln.

"*Denken* ist vielleicht das unpassende Wort dafür… Schau noch mal hin, kleiner Fluss. Ich gebe dir einen Tipp. Vorhin hast du etwas getan, und zwar mit dem Verstand. "

"Ach du meinst… Ich habe ihm gesagt, er soll die Klappe halten, damit ich dich hören kann."

"Und was ist dann passiert, als er ruhig war?"

Der kleine Fluss schnipste mit den Fingern.

"Ich wurde ganz zappelig und aufgeregt, weil mir was Richtiges eingefallen ist."

"Woher wusstest du, dass es richtig ist?"

"Ich hab's ganz genau gespürt. Es hat sich so gut angefühlt, da musste es richtig sein. Dann hast du auch noch gesagt, es ist richtig."

"Ganz genau. Du hast also nicht mit dem Verstand und der Logik nachgedacht, sondern mit deinem Gefühl… und mit mir. Stimmt's?"

"Ja!", jubelte der kleine Fluss. "Genau so war es! Aber…" Er kratzte sich verwirrt am Kopf. "Kann ich denn mit dem Gefühl und dem Herzen denken? Das geht doch gar nicht… oder?"

Das Herz kicherte leise.

"Ich glaube, wir beide haben eben wieder Besuch bekommen. Denn weder für mich noch für dein Gefühl ist irgendetwas unmöglich. Dieses Wort kennen nur zwei andere."

"Also das ist doch die Höhe!", brauste der kleine Fluss auf. Er sah nämlich im gleichen Augenblick die beiden Besucher. "Was wollt ihr denn schon wieder hier? Habe ich nicht gesagt, ihr sollt mich in Ruhe lassen, Verstand und Logik? Ich habe jetzt keine Zeit für euch, also haut ab, und zwar schnell!" Er stöhnte auf. "Die zwei sind manchmal echt lästig. Kaum sind sie vorne durch die Türe raus, schleichen sie sich über den Hintereingang schon wieder rein. Kaum zu glauben."

Argwöhnisch wartete er noch ein Weilchen, aber die beiden schienen sich wirklich wieder in die Schmollecke zurückgezogen zu haben. Jedenfalls herrschte wieder Ruhe.

"Gut!", brummte der kleine Fluss. "Die beiden haben mich

jetzt völlig durcheinander gebracht. Wo waren wir stehen geblieben?"

"Bei deinen beiden Wegen, dem bisherigen und dem neuen."

"Stimmt. Bisher habe ich immer mit dem Verstand und der Logik nachgedacht, um eine Lösung zu finden. Gefunden habe ich aber keine. Das heißt doch dann, dass es auf diesem Weg nicht weiter geht, oder?"

"So ist es. Wenn ein Weg nicht ans Ziel führt, schlag einen anderen ein."

"Die Frage ist nur, welchen?" Er überlegte kurz und schnipste dann wieder mit den Fingern. "Jetzt weiß ich es wieder. Mit dem Gefühl und dem Herzen denken… wie auch immer das gehen soll."

"Du weißt, wie es geht. Genau das hast du vorhin doch getan."

"Verstand und Logik rauswerfen, ganz ruhig werden, dir zuhören und in mich reinfühlen, meinst du das?"

Das Herz nickte.

"Das meinte ich. Hat es funktioniert?"

"Na ja, nicht so ganz. Die Lösung habe ich noch nicht gefunden, aber immerhin bin ich ihr schon ein kleines Stückchen näher gekommen. Ich fühle es ganz genau. Wenn ich nur wüsste, wo ich anfangen soll." Er warf einen kurzen Blick auf das Herz. "Sag mir jetzt bloß nicht, am Anfang. So schlau bin ich auch schon."

"Wo ist dann das Problem?", sagte das Herz mit dem Anflug eines Grinsens.

"Ich weiß nicht, wo der Anfang ist", gab der kleine Fluss ganz verlegen zu. "Das sieht alles so chaotisch aus, wie ein zerfleddertes Wollknäuel."

"Da hast du doch den Anfang. Entwirre es und wickle es wieder ordentlich auf."

"Na toll. Und wie soll ich das bitte machen? Ich finde keinen Anfang, ich finde kein Ende, alles ist total durcheinander und dieses dumme Problem sitzt da, mitten auf dem Weg, wie ein riesiger Berg und er wird mit jeder Minute größer, breiter und höher."

"Ach kleiner Fluss, nun hör doch mal auf zu strampeln. Du verheddest dich gerade immer mehr in deinem zerfledderten Wollknäuel."

"Und du hör auf, kluge Sprüche zu reißen! Sag mir lieber, was ich tun soll. Ich habe überhaupt keinen Durchblick mehr. Ist ja auch kein Wunder, dieser Monsterberg versperrt mir die ganze Sicht."

"Stimmt genau und trotzdem siehst du ihn laufend an. Warum eigentlich, kleiner Fluss? Glaubst du etwa, er wird kleiner, wenn du ihn ununterbrochen anstarrst und über ihn schimpfst?"

"Nein, aber… Er steht mir einfach im Weg!"

"Verschwindet er denn, wenn du weiterjammerst und dich über ihn aufregst?"

Der kleine Fluss ließ frustriert den Kopf hängen.

"Nein, das interessiert ihn gar nicht."

"So ist es mit jedem Problem, kleiner Fluss. Wenn es da ist, ist es da. Du kannst es rund um die Uhr anstarren, dich darüber aufregen und ärgern, du kannst es auf den Mond wünschen, du kannst jammern und klagen. Es bleibt einfach da. Probleme sind nämlich stur, die hören dir überhaupt nicht zu und lassen sich auch von nichts beeindrucken. Sie wollen auch nicht mit dir diskutieren."

"Siehst du? Die sind gemein! Die wollen mir nur den Spaß verderben, sonst nichts."

"Das mag auf den ersten Blick so aussehen. Spaß machen sie nicht immer, das ist richtig. Aber gemein würde ich sie nicht nennen. Sie haben auch eine gute Seite."

"Pah! Von wegen. Probleme sind nie gut. Erzähl mir doch nicht so einen Unsinn!"

"Es kommt immer darauf an, von welcher Seite du es ansiehst."

142

"Von welcher Seite? Herz, hör mal, ich kann tagelang um diesen Problemberg herumlaufen, aber egal von welcher Seite ich ihn anschaue, ich mag ihn einfach nicht und er gefällt mir nicht. Er ist von vorne genauso scheußlich wie von hinten oder von der Seite."

"Trotzdem ist er da."

"Stimmt. Und genau das gefällt mir am allerwenigsten."

"Ärgerst du dich darüber?"

"Na was denkst du denn?", schnaubte der kleine Fluss. "Soll ich etwa jubeln, weil dieser riesige Problemberg einfach aufgetaucht ist und sich mitten in meinen Weg gesetzt hat?"

"Das wäre durchaus eine Möglichkeit."

Entgeistert starrte der kleine Fluss das Herz an.

"Sag mal, bist du jetzt verrückt geworden? Willst du mir etwa sagen, dass ich mich über diesen Problemberg auch noch *freuen* soll?"

"Wieso nicht?" Das Herz kicherte kurz. "Du kannst durch ihn sehr viel lernen. Aber ganz im Ernst, du brauchst dem Problem nicht freudestrahlend um den Hals fallen, wenn es auftaucht. Wenn es da ist, ist es da. Akzeptiere es einfach. Wenn du es gelöst hast, verschwindet es ohnehin wieder. Denn genau dafür sind Probleme nämlich da: zum Lösen."

"Auf diese Idee wäre ich nie gekommen, du Schlaumeier", höhnte der kleine Fluss. "Ich mag aber dieses Problem nicht! Es ruiniert mir nicht nur den Tag, sondern auch meinen wunderschönen Traum vom Meer."

"Wieso das denn?"

Der kleine Fluss stöhnte auf.

"Stehst du eigentlich auf dem Schlauch? Hast du schon mitbekommen, dass ich ein kleiner Fluss bin, der nicht mehr fließen kann? Ich will aber fließen und ans Meer kommen, zum Kuckuck!"

"Dann tu das doch. Löse das Problem und dann fließe wieder."

"Also weißt du, veräppeln kann ich mich auch selbst. Hast du mir vielleicht mal wieder einen vernünftigen Tipp parat?"

"Ja. Atme ein paarmal ganz tief ein und aus und konzentriere dich dabei nur darauf, wie der Atem langsam in dich einströmt und dann wieder aus dir heraus."

Wozu das helfen sollte, wusste der kleine Fluss zwar nicht, aber er tat es. Ein… aus… ein… aus… ein… aus… ein… aus… ein… aus…

"Und nun?", fragte er.

"Etwas ruhiger geworden, kleiner Fluss?"

"Ja, schon. Aber das Problem ist immer noch da."

"Mach es gleich noch mal."

Wieder tat der kleine Fluss, worum das Herz ihn bat. Ein… aus… ein… aus… ein… aus… ein… aus… ein… aus…

"Ich glaube, jetzt geht's mir besser", sagte er anschließend. "Ich fühle mich wieder viel ruhiger."

"Gut. Dann möchte ich dir etwas zeigen. Mach das Gleiche noch mal, nur jetzt konzentrierst du dich bei jedem Ein- und bei jedem Ausatmen auf das Wort *Problem*."

"Wozu soll das gut sein?", fragte der kleine Fluss etwas argwöhnisch.

"Das verrate ich dir hinterher, aber ich glaube, du weißt es später von ganz alleine."

Der kleine Fluss holte tief Luft und konzentrierte sich dabei auf *Problem.* Dann atmete er lange aus und dachte dabei wieder *Problem.* Noch zweimal tat er es, dann hörte er auf.

"Das gefällt mir gar nicht, Herz. Das fühlt sich nicht gut an. Es macht mir Angst und jetzt bin ich ganz nervös und unruhig", klagte er.

"Dann mach zum Abschluss das Gleiche noch mal, aber jetzt konzentrierst du dich statt auf das Wort *Problem* auf das Wort *Lösung.*"

"Ich trau mich nicht mehr. Mir geht es jetzt gar nicht gut."

"Vertrau mir, kleiner Fluss und versuch es."

Einen Moment lang zauderte er noch, aber dann riss er sich zusammen. Warum, wusste er zwar nicht, aber er vertraute dem Herz inzwischen doch ein bisschen. Er atmete tief ein. *Lösung.* Langsam atmete er aus. *Lösung.* Und wieder ein... *Lösung...* aus... *Lösung...* ein... *Lösung...* aus... *Lösung...* ein... *Lösung...* aus... *Lösung...*

"Und, kleiner Fluss?"

"Wow! Das fühlt sich echt gut an! Ich könnte noch lange so weitermachen. Die Angst ist auf einmal weg und ich fühl mich mit jedem Mal fröhlicher und zuversichtlicher."

"Siehst du, kleiner Fluss? Das Problem ist zwar immer noch da, aber jetzt verdirbt es dir nicht mehr den Tag. Und weißt du, warum?"

"Nein, was ist passiert?", fragte er ganz neugierig.

"Du hast die andere Seite des Problems betrachtet, nämlich die Lösung. Du weißt ja, alles hat zwei Seiten. Egal, wie groß und wie schwer der Problemberg auch aussehen mag, es gibt immer eine Lösung dazu. Solange du dich nur auf das Problem konzentrierst und es laufend anstarrst, scheint es dir immer größer und schwerer zu werden. Deine ganzen Gedanken kreisen nur noch um *Problem, Problem, Problem.* Du siehst und denkst nichts anderes mehr. Damit begrenzt du dich und deine Sichtweise. Schließe dann einfach mal die Augen und hör auf, das Problem anzustarren. Konzentriere dich stattdessen auf etwas anderes. Wenn du die Augen dann wieder aufmachst, kannst du woanders hinsehen, zum Beispiel auf die andere Seite. Vielleicht findest du dann nicht sofort die Lösung, aber eines ist sicher: Du kannst sie nur dann finden, wenn du dich auf *sie* konzentrierst."

"Hm", brummte der kleine Fluss. "Du meinst also, wenn ein Problem auftaucht, soll ich ihm kurz Hallo sagen, schauen, was es will und dann immer nur an *Lösung* denken?"

"Ich hätte es vielleicht anders formuliert, aber du triffst den Nagel auf den Kopf, kleiner Fluss. Genauso solltest du mit einem Problem umgehen. Wenn es da ist, ist es eben da. Du kannst dich darüber noch so viel und so lange ärgern, wie du willst, damit vertreibst du es aber nicht. Du kannst dich auch tage- und wochenlang hinsetzen und jammern, weil es da ist. Trotzdem wird es nicht verschwinden. Das tut es erst, wenn du die Lösung dafür gefunden hast. Also konzentriere dich auf die Lösung, die du suchst, nicht auf das Problem."

"Na ja, das stimmt schon, aber was ist, wenn ich keine finde oder mir nichts einfällt?"

"Dann mach eine Pause. Tu irgendetwas, das dir Spaß macht und danach konzentriere dich wieder auf die Lösung. Aber verkrampf dich dabei nicht, mach es ein bisschen spielerisch."

"Wie meinst du das, nicht verkrampfen und spielerisch? Das versteh ich nicht."

"Manchmal blockiert man sich selbst, weil man unbedingt diese Lösung finden will. Man steigert sich rein, wird nervös, ungeduldig, hadert mit sich selbst und jede Minute des Tages sagt man sich: *Ich muss endlich eine Lösung finden. Ich muss eine Lösung finden. Ich muss einfach.* Damit setzt du dich unter Druck, du verkrampfst dich und dir fällt überhaupt nichts mehr ein. Dabei geht's dir dann genauso schlecht, als wenn du laufend das Problem anstarrst. Stell dir lieber vor, die Lösung und du spielen Verstecken. Sie ist zuerst an der Reihe und du musst sie suchen. Sag dir sowas wie: *Na, wo hast du dich versteckt? Warte nur, du Schlingel, ich finde dich schon. Du machst es wirklich spannend, aber gleich habe ich dich.* Auf diese Art baust du keinen Druck in dir auf, du bist locker und offen. Nur so kannst du kreativ und einfallsreich sein."

"Aber wenn ich keine Zeit habe, um zu spielen, was tue ich dann?"

"Genau dann, wenn du *keine Zeit* hast, darfst du dich nicht unter Druck setzen, sondern musst dir Zeit nehmen. Das klingt paradox, ich weiß, aber es stimmt. Glaub mir, kleiner Fluss. Sonst hast du doppelten Druck: einmal von der Zeit und einmal von dir selbst. Und dann klappt gar nichts mehr. Du stehst so unter Druck, bist gestresst, wirst ärgerlich und nervös, die Angst packt dich, weil du eine Lösung finden *musst*. Das Einzige, das du damit erreichst, ist, dass du die nächstmögliche Lösung, die

146

dir in den Kopf schießt, nimmst, ohne sie wirklich zu Ende zu denken. Du sagst dann häufig so etwas wie: *Ich mache das jetzt einfach, das wird schon klappen und wenn nicht, kann ich es auch nicht ändern.* Prompt geht es meist schief und du ärgerst dich hinterher umso mehr. Und seltsamerweise fällt dir dann die passende Lösung ein, die du vorher gesucht hast. Weil nämlich der Druck weg ist."

"Gut", murmelte der kleine Fluss. "Das leuchtet mir ein und ich werde es mir auf jeden Fall merken. Aber weißt du, Herz, ich wünsche mir so sehr, ans Meer zu kommen. Dazu muss ich aber fließen. Das tue ich aber nicht. Ich stecke fest und stehe immer noch."

"Wo kuckst du im Moment hin, kleiner Fluss?"

"Wo ich… Oh!" Verlegen zog er den Kopf zwischen die Schultern. "Ich habe schon wieder das Problem angestarrt. Nur, ganz ehrlich, das ist auch einfacher zu sehen als die Lösung. Die hat sich wirklich gut versteckt."

"Ich weiß. Das haben Lösungen so an sich. Manchmal verstecken sie sich hinter ganz vielen Dingen und machen es immens spannend. Ein anderes Mal sind sie völlig einfallslos und verstecken sich gleich hinter der nächsten Ecke. Leicht machen sie es einem nicht immer, darum mach es dir selbst leicht. Such zuerst an den einfachen Orten und dann erst an den weiter entfernten oder schwierigeren."

"Eine Frage habe ich noch. Sie versteckt sich aber schon immer an Orten, wo ich auch hinkomme und sie finden kann, oder?"

"Wie meinst du das, kleiner Fluss?"

"Na zum Beispiel das Feld da drüben. Das wäre ein gutes Versteck für die Lösung. Aber dort komme ich ja gar nicht hin, egal wie sehr ich mich strecke."

"Ach, das meinst du. Nein, sie ist schon immer ganz in deiner Nähe, also dort, wo du auch hinkommst und sie wirklich finden kannst. Nur versteckt sie sich eben manchmal wirklich sehr gut."

"Gut zu wissen. Dann fang ich mal mit Suchen an." Der kleine Fluss bog ein paar Gräser zur Seite und sah dahinter nach. Dann schüttelte er den Kopf. "Hier ist sie nicht." Er hob einen Stein auf, der ganz in der Nähe seines Ufers lag. "Hier drunter liegt sie auch nicht."

Auch hinter dem Schilfrohr fand er sie nicht. Nachdenklich sah er sich um. Jedoch konnte er nirgendwo ein weiteres Versteck entdecken, das ganz in der Nähe und damit einfach zu finden war. Er seufzte auf.

"Hier draußen, rings um mein Ufer, ist sie also nicht. Ich habe überall nachgesehen. Hätte mich aber auch fast gewundert. Die Gräser, der Stein, das Schilfrohr und alles andere waren vorher ja auch schon da. Das kann mich also gar nicht aufgehalten oder gebremst haben. Nein, es muss an was anderem liegen. Vielleicht liegt ja die Lösung in meinem Flussbett? Warte mal, bin gleich wieder da."

Er tauchte unter und sah sich um. Sein Wasser war aber so trüb und dunkel, sehen konnte er gar nichts. Mit den Händen fuhr er durchs Wasser, fühlte aber kein Hindernis. Dann tastete er über den ganzen Boden. Auch dort entdeckte er nichts, was anders war als vorher. Höchstens die Steine, die fühlten sich inzwischen ganz komisch an, weil auf ihnen lauter Algen saßen und jede Menge Schlamm. Doch es waren trotzdem die gleichen Steine wie vorher.

"Nein, auch am Flussbett liegt es nicht", sagte er nach dem Auftauchen. "Ich sehe zwar da unten nichts, weil es so stockdunkel ist, aber ich habe alles abgetastet und aufgewühlt. Dort ist auch kein Hindernis, das mich vom Fließen abgehalten hat. Alles ist zwar matschiger und morastiger als vorher, aber trotzdem immer noch das gleiche. Nein, hier hat sich die Lösung auch nicht versteckt. Wo soll ich denn jetzt suchen? Ich habe doch schon überall nachgesehen. Die Lösung liegt nicht an meinem Ufer und auch nicht in meinem Flussbett. In der Luft kann sie wohl nicht sein und weiter weg auch nicht." Enttäuscht zuckte er mit den Schultern. "Ich habe keine Ahnung mehr. Wo steckst du nur, Lösung?"

"Weißt du was, kleiner Fluss?", sagte das Herz. "Es ist schon spät und du hattest heute einen wirklich anstrengenden Tag. Wir haben uns ganz lange unterhalten, du hast viel gelernt und ich fühle, dass du allmählich erschöpft bist. Du willst zwar unbedingt die Lösung finden, aber dich unter Druck setzen hilft dir nicht. Gönne dir jetzt eine Pause. Lege dich hin und schlafe ein bisschen. Vielleicht träumst du ja vom Meer und wie du mit ihm bald in den Wellen tanzen und spielen kannst. Denn ich weiß ganz genau, kleiner Fluss, das wirst du. Morgen, wenn du ausgeruht und ausgeschlafen bist, findest du vielleicht auch schon die Lösung."

"Das ist eine gute Idee", antwortete der kleine Fluss und gähnte herzhaft. "Ich bin wirklich müde. Gute Nacht, wir hören uns morgen wieder." Er winkte dem Herz noch kurz zu und lehnte sich dann zurück. Kaum lag er in seinem Flussbett, war er auch schon eingeschlafen.

Am nächsten Morgen erwachte er erst ziemlich spät. Er war so müde gewesen, dass er nicht mal träumen konnte. Doch jetzt fühlte er sich wieder fit und erholt. Er streckte sich ausführlich und gähnte kräftig, als ihm plötzlich etwas durch den Kopf schoss: *Wenn die Lösung nicht außen ist, dann ist sie innen.*

Das klang gut, aber was bedeutete das? Wo innen? In seinem Wasser? Da war nichts, er hatte nichts gefunden. In seinem Flussbett war auch nichts.

"Guten Morgen, kleiner Fluss. Du hast aber lange geschlafen." Das Herz lächelte ihn fröhlich an.

"Dir auch einen guten Morgen, Herz. Ich war total geschafft gestern. Aber sag mal, was heißt innen? In meinem Wasser oder wo?"

"Was meinst du, kleiner Fluss?"

"Wenn die Lösung nicht außen ist, dann ist sie innen. Aber

wo ist innen?"

"Oh! Du hattest eine Inspiration. Sehr gut! Außen ist alles um dich herum. Innen heißt, sie ist in dir. Zum Beispiel in deinen Gedanken, deinen Gefühlen, deiner Einstellung, deinen Meinungen, eben all das, was man im Außen nicht finden kann."

"Oje", stöhnte der kleine Fluss auf. "Und wie finde ich sie? Ich weiß ja nicht mal, wie ich in mich hineinsehen kann. Geht das denn überhaupt?"

"Natürlich geht das. Sehen kannst du es nicht wirklich. Jedenfalls nicht so, wie du die Pflanze dort drüben sehen kannst. Du siehst es nur mit dem Gefühl."

"Ich muss also nur in mich hineinfühlen?"

"Ganz genau. Dann findest du auch die Lösung."

"Das muss ich gleich ausprobieren."

Der kleine Fluss wurde ganz nervös. Wenn das funktionierte, dann hätte er das letzte Puzzle-Teilchen gefunden, das er brauchte. Dann würde er wissen, wieso er einfach stehen geblieben war. Und dann, dann würde er endlich wieder fließen können! Er kniff die Augen fest zusammen und konzentrierte sich auf sein Gefühl. Was wollte es ihm sagen?

"Nein, das klappt nicht", sagte er kurz darauf ziemlich enttäuscht und öffnete wieder die Augen. "Irgendwas muss ich falsch machen oder es geht einfach nicht. Ich fühle alles Mögliche, aber keine Lösung."

"Wonach hast du denn gesucht?"

"Nach der Lösung. Aber ich finde sie nicht."

"Versuch es noch mal, kleiner Fluss. Sie ist in dir, vertrau mir. Ich kann sie nämlich schon lange sehen."

"Du *siehst* sie? Und du sagst sie mir nicht? Na hör mal, wie gemein ist das denn von dir?", schnaubte der kleine Fluss empört.

"Entschuldige, aber wenn ich das tue, dann wirst du beim nächsten Mal wieder keine Lösung finden, weil du nicht gelernt hast, wie das geht. Du musst sie selbst finden. Aber ich helfe dir doch dabei."

"Das ist ja wohl das Mindeste", brummte er. "Dann gib mir einen Tipp, wenn ich schon die ganze Arbeit alleine machen muss."

"Wenn du in dich hineinfühlst, dann musst du dir selbst auch die richtige Frage stellen. Zuerst ist doch wichtig, dass du weißt, warum du überhaupt stehen geblieben bist. Versuch es noch mal und achte darauf, was dir zuerst dazu einfällt. Vom Gefühl her."

Der kleine Fluss schloss noch einmal die Augen, fühlte ganz tief in sich hinein. Als erstes fielen ihm die anderen ein. Ihretwegen war er stehen geblieben. Aber ob das die Lösung war? Denn wenn er an die anderen dachte, fühlte er sich ganz furchtbar schlecht. Er hatte aber gelernt, dass sich das, was richtig war, auch gut anfühlte. Das verunsicherte ihn jetzt.

"Und? Hast du etwas gefunden?", fragte das Herz nach einer Weile.

"Ja. Aber ich glaube, das ist falsch. Es fühlt sich nämlich gar nicht gut an."

"Dann bist du auf dem richtigen Weg."

"Aber wieso denn? Du sagtest doch selbst, was richtig ist, fühlt sich gut an. Das tut es aber nicht."

"Das stimmt schon, kleiner Fluss, und das wird sich noch gut anfühlen. Vertrau mir. Aber sei jetzt nicht so ungeduldig. Du musst einen Schritt nach dem anderen machen. Zuerst willst du wissen, was dich blockiert, was dich nicht mehr fließen lässt. Oder?"

"Ja klar. Sonst kann ich sie ja nicht beseitigen, diese dumme Blockade. Die ist echt gemein und versteckt sich so gut, dass ich sie nicht finden kann. Vielleicht will sie gar nicht, dass ich sie finde!"

"Doch, glaube mir, das will sie schon. Sie will doch auch aufgelöst werden, denn das ist ihr Ziel, so wie deines das Meer ist."

"Das glaube ich nicht. Sie sitzt lieber wie eine fette Kröte mitten im Weg und hat keine Lust, zu verschwinden. Das macht ihr doch Spaß, mich aufzuhalten und zu ärgern!"

"Sie macht nur ihre Arbeit. Ärgern will sie dich keineswegs."

"Tut sie aber. Und sie hält mich auf. Sie gönnt mir den Spaß einfach nicht", jammerte der kleine Fluss.

"Nein, sie will dir nur helfen. Wenn sie und die anderen Blockaden nicht ab und zu auftauchen würden, könntest du nichts dazulernen."

"Ich will aber nicht dauernd irgendwas lernen. Ich will einfach nur fließen und ans Meer kommen", maulte er weiter.

"Stell dir mal vor, du findest diese Blockade jetzt in dir. Du weißt, was du dann ändern musst, damit du es hinterher besser machen kannst. Dann verschwindet sie und du kannst wieder ungehindert weiterfließen. Ist das nicht toll?"

"Das Weiterfließen schon, aber das hätte ich auch gekonnt, wenn sie nicht aufgetaucht wäre."

"Das ist richtig. Aber alles hat zwei Seiten. Wenn es hindernisfreie Wege gibt, muss es auch hindernisreiche Wege geben. Sonst gerät alles aus dem Gleichgewicht."

Der kleine Fluss brummte unwillig vor sich hin.

"Ich mag sie aber trotzdem nicht."

"Das ist dein gutes Recht, kleiner Fluss. Du musst sie nicht mögen, nur einfach akzeptieren, dass es sie gibt und sie zwischendurch eben auftauchen. Wenn sie dann da sind, denk dir einfach: *Ich finde euch schon, egal wie gut ihr euch versteckt und dann fließe ich wieder lustig weiter.* Denn das willst du doch, nicht wahr?"

"Ja. Also gut, dann machen wir weiter. Was ist nun mit dem, was sich gar nicht gut anfühlt in mir drin? Ist das nun was Richtiges oder was Falsches?"

"Im Prinzip beides. Ich erklär's dir. Du suchst eine Blockade, etwas, das dir nicht gut tut. Stimmt's?"

"Ganz genau", bestätigte der kleine Fluss mit Nachdruck.

"Das, was dir nicht gut tut, ist immer etwas Falsches. Falsch ist es deshalb, weil es dich behindert und dich von dem abhält, was du erreichen möchtest. Darum fühlt es sich beim Finden zuerst auch gar nicht gut an. Verstehst du das?"

Er nickte kurz.

"Wenn du so etwas Falsches gefunden hast, dann ist es richtig. Denn nur, wenn du Falsches findest, kannst du es bearbeiten und verschwinden lassen, damit danach wieder alles richtig läuft."

Der kleine Fluss dachte einen Moment lang darüber nach.

"Das heißt also, dass es richtig und gut ist, wenn ich so falsche Dinge wie Blockaden finde?"

"Ganz genau. Denn nur, wenn du sie findest, kannst du dich um sie kümmern. Und das ist richtig und gut."

"Jetzt hab ich es auch verstanden. Dann ist das, was ich gefunden habe, was sich schlecht anfühlt, eine echte Blockade?", fragte er skeptisch.

"Was fühlt sich denn schlecht an?"

"Na ja, als ich in mich reingefühlt habe, kamen mir sofort die anderen in den Sinn. Also blockieren *sie* mich, wusste ich es doch!"

"Halt, kleiner Fluss, schick die beiden Besucher bitte weg. Die stören uns jetzt nur. Wenn sie Blockaden entdecken, fangen beide ganz laut das Schreien an und lenken dich ab. Und am Ende hast du keine Blockaden aufgelöst, sondern die bestehenden noch vergrößert. Wenn du wirklich Blockaden auflösen willst, dann kannst du das nur mit mir machen. Dafür bin ich nämlich der alleinige Spezialist."

"Welche Besucher?", fragte er verwirrt, sah sich dann aber doch um. Plötzlich sah er sie, wie sie hinter ihm standen und aufgeregt mit den Händen herumfuchtelten. "Oh, ihr schon wieder! Verstand und Logik, geht mal eben woanders hin, ihr stört uns gerade. Husch husch, ab mit euch!"

Beide protestierten laut, riefen zusätzlich noch nach der Angst und deren Geschwistern, aber der kleine Fluss blieb hartnäckig.

"Ich kann euch alle jetzt nicht brauchen! Also verschwindet

einfach und lasst mich in Ruhe, ihr Nervtöter!"

Kopfschüttelnd sahen ihn alle an und verdrehten die Augen.

"*Du wirst schon sehen, was du davon hast, wenn du dich mit dem Dummschwätzer unterhältst*", knurrten Verstand und Logik im Duett. "*Aber du willst es ja nicht anders. Dann viel Spaß dabei.*"

"Ach, verschwindet einfach und nehmt die ganze Rasselbande mit! Und zwar sofort!", schimpfte der kleine Fluss.

Endlich schlichen sie davon, wenn auch vor sich hin maulend. Er wartete noch einen Moment, aber sie hatten sich alle in eine Schmollecke verzogen und blieben dort.

"Puh!", stöhnte er auf. "Was für ein Theater, das ist immer das Gleiche mit dieser Rasselbande. Aber jetzt haben wir endlich Ruhe, also machen wir weiter, Herz. Ich bin so aufgeregt! Sind die anderen nun die Blockade oder nicht?"

"Was fühlst du, wenn du an die anderen denkst?"

"Na ja, sie haben doch -"

"Was *fühlst* du, kleiner Fluss? Denk an die Tiere, die Pflanzen, die Sonnenstrahlen, die Steine und so weiter und achte darauf, was du *fühlst*, wenn du an sie denkst."

Der kleine Fluss schloss kurz die Augen und konzentrierte sich auf die Gefühle, die ihn überkamen.

"Ich bin traurig", sagte er schließlich. "Weil sie alle weg sind. Es war so schön mit ihnen zusammen."

"Gut, sehr gut, kleiner Fluss. Wenn du sie nun fragen könntest, warum sie wegbleiben, was würden sie dir antworten?"

"Weil ich ihnen kein klares Wasser mehr geben kann?"

Das Herz zog eine Augenbraue nach oben und sah ihn wortlos an.

Es musste auch nichts sagen. Der kleine Fluss wusste auch so, was passiert war. Er drehte sich um und wurde ärgerlich.

"Was willst *du* denn schon wieder hier, Logik? Hau einfach ab, ich kann dich jetzt nicht brauchen! Du störst, kapier das endlich, zum Kuckuck!"

154

Zufrieden rieb er sich die Hände, als er sah, wie sich die Logik vor sich hin maulend wieder in die Schmollecke zurückzog.

"Das ist wirklich unverschämt. Ständig muss sie sich einmischen!", schimpfte er vor sich hin.

"Gut gemacht", lobte das Herz. "Du kannst stolz auf dich sein, denn du hast es ganz von alleine bemerkt, dass sie dir was einflüstern wollte. Also noch einmal. Was würden dir die Tiere antworten? Denk mit der Liebe, kleiner Fluss, nicht mit der Logik."

Er atmete tief durch, um sich wieder zu beruhigen.

"Weil ich nicht mehr mit ihnen gesprochen und sie ignoriert habe", sagte er dann verlegen und mit belegter Stimme.

"Und warum hast du das getan?"

"Weil… Weil die Logik mir sagte, sie nutzen mich alle nur aus."

Die Ohren des kleinen Flusses begannen, feuerrot zu leuchten. Was hatte er damals nur getan! Lieber Himmel!

"Du musst dich nicht schämen", sagte das Herz lächelnd, dem es nicht entgangen war, wie unangenehm dem kleinen Fluss diese Erkenntnis war. "Jeder kann einmal Fehler machen. Auch ein kleiner Fluss."

"Na ja… Ich habe mich wirklich dumm genommen. Kein Wunder also, wenn sie nicht mehr zu mir kommen. Wäre ich an ihrer Stelle, würde ich das vermutlich auch nicht tun."

"Das ist eine ganz hervorragende Idee, was du da eben getan hast. Wenn sich dir gegenüber jemand so benimmt, dass du nicht verstehen kannst, warum er das tut, dann versetz dich immer in seine Situation. Stell dir vor, du wärst er. Und dann frage dich: Warum würdest du dich so benehmen, wie er es tut? Meistens kommst du dann schon dahinter und du kannst den anderen besser verstehen."

"Das werde ich mir merken, Herz. Das ist wirklich eine ganz gute Idee. Und was ist nun meine Blockade? Kann ich nicht mehr fließen, weil ich die anderen ignoriere?"

"Nicht ganz, kleiner Fluss. Das ist nur die Auswirkung deiner

Blockade. Was dich blockiert, das hast du vorhin schon erkannt. Du hast deine Blockade ganz alleine gefunden!"

Der kleine Fluss sah völlig überrascht auf das Herz. Ihm wurde auf einmal abwechselnd heiß und kalt und seine Hände fingen leicht an zu zittern.

"Ich habe sie wirklich gefunden? Ich habe wirklich die Blockade gefunden?", fragte er aufgeregt.

"Ja, das hast du. Denk noch mal kurz nach, was du vorhin gesagt hast."

"Ich… Ich weiß es nicht mehr", stammelte er. "Gib mir einen Tipp."

"Du weißt, warum du stehen geblieben bist und dich nicht mehr mit den Tieren unterhalten hast."

Er überlegte blitzschnell.

"Wegen der Logik!", platzte es aus ihm heraus. "Weil sie sagte, sie nutzen mich alle aus. Lieber Himmel, das ist es! Ich bin stehen geblieben, weil ich mich nicht mehr ausnutzen lassen wollte."

"So ist es, kleiner Fluss. Deshalb bist du stehen geblieben."

"Schön!", jauchzte er auf. "Ich habe sie gefunden, die Blockade!"

Er freute sich riesig darüber, endlich den Grund zu wissen, wieso er stehen geblieben war. Nun konnte er also etwas verändern und dann wieder fließen. Auf einmal runzelte er die Stirn.

"Aber was muss ich jetzt tun, Herz? Ich wollte mich nicht mehr ausnutzen lassen, darum blieb ich stehen. Wenn ich wieder fließen will, muss ich mich dann einfach nur wieder ausnutzen lassen? Das möchte ich aber nicht."

Das Herz seufzte tief auf.

"Nicht schon wieder mit dem Kopf denken. Wer hat dir denn gesagt, dass sie dich ausnutzen?"

"Die Logik."

"Aha. Und, war das richtig? Haben sie dich denn ausgenutzt? Denk mal ganz genau nach."

156

"Moment... Ich muss mich ganz fest konzentrieren. Bin gleich wieder da", sagte der kleine Fluss und tauchte schnell unter. In seinem Flussbett war es immer herrlich ruhig, da störte ihn kein Geräusch. Nach einer Weile kam er strahlend wieder aufgetaucht.

"Nein! Das war doch eine Lüge! So ein Unfug, die haben mich doch gar nicht ausgenutzt. Die Tiere haben zwar mein Wasser getrunken, aber nur, weil es so schön sauber und klar war. Sie hatten einfach nur Durst und sie brauchen doch Wasser. Das bisschen, das sie getrunken haben, das hat mir gar nicht geschadet. Auch die Pflanzen... Die brauchen Wasser, damit sie wachsen und blühen können. Nur dann können Insekten sich bei ihnen Futter holen und in ihnen brüten. Und die Fische haben die kleinen Algen nur deshalb gefressen, damit mein Wasser sauber bleibt. Sogar die Steine haben mich nicht ausgenutzt. Klar haben sie sich streicheln lassen und es genossen, aber ohne sie wäre auch kein Sauerstoff in meinem Wasser gewesen. Lieber Himmel, ich war so dumm! Und das alles nur, weil mir die Logik so einen Unsinn erzählt hat."

"Na siehst du", sagte das Herz und schmunzelte zufrieden. "Du hast endlich deine Blockade gefunden. Die Logik hat dir irgendetwas erzählt und du hast es ihr einfach geglaubt, ohne mit deinem Gefühl darüber nachzudenken. Das haben natürlich sofort die Angst und ihre Geschwister bemerkt und sind sofort herbeigeeilt. Auch sie haben dir jede Menge Dinge vorgesagt. Alle schrien ganz laut durcheinander, einer lauter als der andere, sodass du mich gar nicht mehr gehört und verstanden hast. Auch deine Innere Stimme hast du nicht mehr gehört. Deshalb wurdest du auch so traurig und unglücklich, bis du dann auf einmal stehen geblieben bist. Am lautesten schrien nämlich die großen Brüder, Zweifel und Negativer Gedanke. Merke dir eines, lieber kleiner Fluss: Wenn die beiden auftauchen und so laut herumbrüllen, dann wecken sie auch ihre Cousinen, Trauer und Enttäuschung auf, und obendrein noch deren Haustier, das Selbstmitleid. Das hat eine ganz gefährliche Stimme. Wenn das nämlich erst mal zu jaulen anfängt, dann lähmt es jeden, der ihm zuhört."

"Das ist ja furchtbar", stöhnte der kleine Fluss. "Dieses dumme Haustier hab ich auch jaulen hören, Tag und Nacht. Und es stimmt, ich habe mich völlig gelähmt gefühlt. Ich konnte mich gar nicht bewegen." Plötzlich schnipste er mit den Fingern. "Darum hat es also nicht geklappt mit der Entscheidung! Die Bosswolke sagte doch, ich müsse nur eine neue Entscheidung treffen, dann könnte ich auch wieder fließen. Ich habe mich dann entschieden, zu fließen und es ging aber trotzdem nicht. Weil mich das Selbstmitleid mit seinem Jaulen gelähmt hatte. Stimmt's?"

"Stimmt, kleiner Fluss", lächelte das Herz. "Weißt du jetzt auch, wieso ich dir die Lösung zu deinem Problem nicht einfach so sagen konnte, auch wenn dir das lieber gewesen wäre?"

"Aber logisch!", antwortete der kleine Fluss. "Ich hätte es dir ohnehin nicht geglaubt, wenn du es mir gesagt hättest. Das musste ich erst ganz alleine herausfinden. Aber jetzt weiß ich es ja."

Er brach ab und kratzte sich nachdenklich am Kopf. Eine Sache beschäftigte ihn noch.

"Sag mal, Herz... Ich habe doch jetzt die Blockade gefunden. Dann löst sie sich doch auf, oder?"

"Wenn du sie lässt, dann löst sie sich auf, Stück für Stück, bis sie ganz verschwunden ist."

"Was heißt, wenn ich sie lasse? Ich will doch, dass sie verschwindet!"

"Ach kleiner Fluss, du kennst doch die Logik und die anderen. Glaubst du wirklich, dass die sich so einfach geschlagen geben? Die sind jetzt alle todbeleidigt, weil du ihre Tricks durchschaut hast. Jetzt heißt es für dich, gut aufpassen. Ein bisschen schlitzohrig sind sie nämlich alle. Die Logik weiß jetzt, dass du ihr nicht mehr alles glaubst, was sie dir sagt. Deshalb kommt sie nicht selbst, sondern schickt dir zuerst noch einmal ihre Freunde, Zweifel und Negativer Gedanke, damit die

158

beiden dich so lange verunsichern, bis du wieder auf die Logik hörst."

Der kleine Fluss schnaubte empört auf.

"Also das ist doch die Höhe! Ich lasse mich doch nicht erpressen! Na, denen werde ich was erzählen, wenn sie auftauchen. Pah!"

Das Herz tätschelte ihm anerkennend die Schulter.

"Gute Entscheidung. Aber sei auf der Hut. Die beiden sind sehr raffiniert und kommen auf Zehenspitzen so leise angeschlichen, dass du sie erst bemerkst, wenn sie schon neben dir stehen."

"Keine Sorge, ich pass schon auf. Und wie ich aufpasse! Denen werde ich es zeigen."

Energisch stampfte der kleine Fluss mit dem Fuß auf.

"Oh!", stieß er freudig überrascht aus, als er sah, wie plötzlich eine kleine Welle ans Ufer schwappte. "Hast du das gesehen, Herz?"

Er konnte es kaum glauben und versuchte es gleich noch einmal. Auch bei diesem Stampfer schwappte eine kleine Welle ans Ufer. War das zu fassen? Sein Wasser bewegte sich! Nun wollte er es ganz genau wissen. Ein drittes Mal stampfte er heftig auf, zuerst mit dem linken, gleich darauf mit dem rechten Bein. Tatsächlich, er konnte sich wieder bewegen. Diesmal war sogar eine größere Welle ans Ufer geschwappt.

Vor Freude war der kleine Fluss fast aus dem Häuschen und führte gleich einen Freudentanz auf. Fasziniert beobachtete er dabei, wie das dunkle, trübe Wasser allmählich in Bewegung kam und an beiden Seiten des Ufers wellenförmig landete. Bis er wieder richtig fließen konnte und sein Wasser wieder klar und sauber war, würde es sicher noch viel Arbeit werden und eine ganze Weile dauern, aber das war völlig unwichtig. Egal, wie sehr und wie oft er auch hüpfen, stampfen oder springen musste, er würde es tun. Immer und immer wieder, bis er vor Erschöpfung umfallen würde, dann wieder aufstehen und weitermachen. Nur so, das wusste er, würde er dieses morastige Wasser wieder reinigen und zum Fließen bringen. Und dann, dann würde ihn nichts und niemand mehr davon abhalten, sich auf den Weg zum Meer zu machen.

"Ja, ich habe es gesehen", freute sich das Herz mit ihm. "Und du hast recht, kleiner Fluss. Dich kann niemand aufhalten. Du wirst ans Meer kommen, das weiß ich… Auch wenn vielleicht wieder einmal ein kleines Problem oder eine kleine Blockade auftauchen sollte."

"Ach, sollen sie ruhig", sagte der kleine Fluss und winkte ab. "Vor denen habe ich keine Angst mehr. Weißt du, wieso? Ich habe nämlich zwei ganz wichtige Dinge gelernt."

"Na, da bin ich ja gespannt. Schieß los."

"Das Erste, das ich gelernt habe, ist, dass die Logik, der Verstand, die Angst, ihre Geschwister und ihre Cousinen samt ihrem jaulenden Haustier nicht immer schlecht sind. Sie haben mich zwar ganz fürchterlich geärgert und gemein zu mir waren sie auch. Genauso wie das Problem und die Blockade. Aber wenn sie alle nicht gewesen wären, dann hätte ich viele Sachen nicht gelernt. Sie hatten also auch was Gutes. Müssen sie ja auch, denn das geht überhaupt nicht, dass sie alle *nur* schlecht sind. Nichts kann nur gut oder nur schlecht sein. Es kommt immer darauf an, von welcher Seite aus man es ansieht. Denn alles hat nämlich immer zwei Seiten."

"Ganz genauso ist es, kleiner Fluss. Und was ist die zweite Sache, die du gelernt hast?"

"Dass die Logik eine fürchterliche Besserwisserin ist, die sich immer auch in Dinge einmischt, von denen sie gar keine Ahnung hat. Eingebildet ist sie auch noch und glaubt immer, dass nur sie recht hat und niemand sonst. Das stimmt aber gar nicht. Wenn ich sie brauche, dann sage ich es ihr schon. Bei zwei Dingen werde ich sie aber nie mehr um Rat fragen, denn davon versteht die Logik so wenig wie ich vom Quaken."

"Ach ja? Und welche zwei Dinge sind das, kleiner Fluss?", fragte das Herz mit einem liebevollen Lächeln.

Bei diesem Anblick wurde dem kleinen Fluss ganz warm und

er fühlte, wie in ihm etwas immer stärker zu glühen begann. Er wusste jetzt ganz sicher, er würde bei allem immer zuerst sein Herz fragen. Er strahlte übers ganze Gesicht.

"Diese Besserwisserin frage ich nie mehr, wenn es um die Liebe und die Gefühle geht. Denn das sind Sachen, von denen sie absolut nichts versteht. Denn Liebe und Gefühle, dafür bist doch du zuständig, weil beides einzig und allein deine Aufgaben sind. Ist doch auch logisch, oder?"

Epilog

$\mathcal{H}$allo, ich bin's noch mal, der kleine Fluss. Na ja, so ganz klein bin ich nicht mehr. Ich bin schon etwas größer geworden, seitdem ich diese Blockade aufgelöst habe.

Diese Geschichte kennst du ja. Mir hat es überhaupt nicht gefallen, so lange stillzustehen und nicht mehr fließen zu können. Das war echt keine schöne Zeit.

Natürlich war es für mich ziemlich anstrengend, bis ich es geschafft habe, dass mein Wasser wieder klar wurde. Bis ich dann endlich wieder fließen konnte, hat es auch noch eine ganze Weile gedauert. Du kannst mir glauben, ich musste schon ziemlich strampeln und manchmal war ich mehr als kaputt, wenn ich mich abends in mein Flussbettchen gelegt habe. Häufig war ich so geschafft, dass ich dachte, ich kann nicht mehr aufstehen.

In diesen Momenten fiel mir dann wieder der Spruch vom Himmel ein, dass alles zwei Seiten hat. Die eine Seite war, dass ich keine Kraft und Lust mehr hatte, aufzustehen und weiterzumachen. Die andere Seite jedoch war die, dass ich *unbedingt* ans Meer kommen wollte. Was habe ich also getan? Genau! Ich habe *nur* auf *diese* Seite hingekuckt. Ich wollte nämlich nichts so sehr, als dass mein Traum endlich wahr wird.

Na ja, ich geb's zu, noch bin ich zwar nicht dort, aber ich bin schon ein gewaltiges Stück weitergeflossen, breiter bin ich auch geworden und ich kann das Meer inzwischen beinahe riechen. Genau deshalb mache ich weiter und weiter und gebe nicht auf, egal was passiert.

Die nervigen Freunde, Verstand und Logik, brabbeln zwar

immer wieder mal davon, dass ich das nie schaffen werde. Auch die Angst und ihre Geschwister samt ihrer Cousinen und ihrem jaulenden Haustier tauchen zwischendurch bei mir auf. Sie alle schreien, fuchteln herum und jaulen mir die Ohren voll. Doch ich habe gut aufgepasst, was mir mein Herz erzählt hat und was ich von ihm gelernt habe. Was mache ich also? Genau! Ich höre ihnen zwar zu, aber ich höre nicht mehr *auf* sie und schon gar nicht mehr lasse ich mich von ihnen ständig beeinflussen.

Mittlerweile habe ich sogar eine ganze Menge mehr gelernt. Das wollte ich dir noch kurz verraten. Vielleicht hilft es dir ja auch mal.

Ich habe selbst erlebt, dass immer mal etwas passieren kann, mit dem ich so überhaupt nicht gerechnet habe, so wie diese komische Blockade damals. Klar, nachdem sie aufgelöst und verschwunden war, ist natürlich auch zwischendurch mal was passiert. Überflüssig zu sagen, dass ich davon alles andere als begeistert war. Ich wollte doch einfach nur weiterfließen und dann war schon wieder irgendwas, was mich eingebremst hat. Natürlich habe ich mich zuerst richtig geärgert und mich gefragt, warum zum Kuckuck schon wieder was passieren muss. Auf solchen Mist hätte ich nämlich gerne verzichtet. Half aber nichts, er war da, ob ich nun Lust drauf hatte oder nicht.

Ich geb's ja zu, ich habe mich dabei ertappt, dass ich in diesen Momenten wieder mal die Schuld den anderen gegeben habe. Das Haustier namens Selbstmitleid fing natürlich sofort lautstark an, zu jaulen. Dann saß ich herum und hätte abwechselnd heulen oder toben können. Hat mir aber auch nichts geholfen. Geändert hat sich an dem ganzen Mist dadurch nämlich überhaupt gar nichts.

Nur gut, dass ich gelernt habe, dass alles zwei Seiten hat. Was habe ich also getan? Genau! Ich habe mich zusammengerissen und habe mir die Sache von allen Seiten

163

angesehen und nicht nur von einer. Dabei habe ich entdeckt, dass solcher Mist, so sehr er mich im Moment auch genervt hat, gar nicht mal komplett schlecht war. Auch daraus, genauso wie damals bei der Blockade, habe ich wieder was gelernt.

Angeschaut habe ich mir diesen Mist natürlich nicht alleine, sondern zusammen mit meinem Herzen. Die andere Gaunerbande mit den Freunden und den Geschwistern habe ich dabei rausgeworfen und in die Ecke geschickt.

Beinahe am lautesten haben die Angst und ihre Geschwister herumgeplärrt. Früher habe ich in diesen Augenblicken immer gejammert: "Ich will aber doch keine Angst haben!" Oder ich habe mich selbst geschimpft: "Hör auf zu winseln, du darfst jetzt keine Angst haben!" Der Himmel hat mir ja erklärt, dass das überhaupt nichts bringt. Je mehr ich nämlich versucht habe, mich gegen die Angst aufzulehnen, sie zu ignorieren oder sie wegzuschicken, umso mehr Angst überfiel mich! Ich habe die ganze Zeit gezittert wie der Aal, der mal in meinem Wasser geflossen ist.

Heute mache ich es ganz anders. Den Trick hat mir der Himmel verraten. Er sagte nämlich, dass die Angst mir hilft, alles genau zu bedenken und zu überlegen, damit ich keine Fehler mache. Wenn sie also wieder herumplärrt, dann frage ich sie jetzt einfach: "Liebe Angst, was willst du mir sagen und wovor willst du mich warnen?" Dann sagt sie mir, was sie mir sagen will, ich denke in Ruhe darüber nach und dann frage ich noch mein Herz, was es dazu meint. Auch darüber denke ich nach, ich fühle in mich rein, was sich für mich richtig und gut anfühlt und dann mache ich es. Das war echt ein Supertipp, den mir der Himmel da gegeben hat, denn es klappt hervorragend!

Meist kommt die Angst sowieso nur angeschlichen, wenn ihre Schwester Erinnerung und ihr großer Bruder Negativer Gedanke sie aufwecken und Hektik verbreiten. Der Erinnerung ist irgendwas eingefallen, das so ähnlich schon mal passiert ist und Negativer Gedanke… Na ja, der ist sowieso ein Fall für sich. Der sieht die Dinge ohnehin immer nur dunkelschwarz (auch wenn's das nicht gibt) und geht grundsätzlich davon aus, dass alles nur noch schlechter werden kann. Logisch, dass dann noch die Logik dazukommt und sich auch noch einmischen muss. Und logisch, dass dann ihr Standardspruch kommt: *Einmal passiert heißt, muss wieder passieren. Ist doch logisch!*

Na ja, soll sie denken, was sie will, das ist *ihre* Meinung. Also bitte, das kann ja durchaus möglich sein, dass das wieder passiert. Es *kann* sein, es *muss* aber nicht zwangsläufig passieren. Es kann genauso gut besser werden. Was passiert, werde ich jedoch erst herausfinden, wenn ich es probiere. Tu ich nichts, wird *gar nichts* passieren. Was bringt mir das? Überhaupt nichts. Dann bleib ich nämlich weiter in dem Mist stecken, in dem ich gerade mittendrin bin.

Ich brauche dir sicher nicht sagen, dass die Logik völlig ausrastet, wenn ich ihr all das sage und dass sie dann umso lauter plärrt. Doch wie hat mein Herz mal zu mir gesagt? *Nur weil etwas logisch aussieht, muss es noch lange nicht richtig sein.* Und der Himmel sagte ja auch, dass die Angst und ihre Geschwister sehr häufig lügen.

Was mache ich also? Genau! Ich höre ihnen allen zwar kurz zu, aber glauben, glauben tue ich ihnen nicht mehr alles, was sie mir erzählen. Das tue ich nicht mal mehr, wenn Zweifel wieder angeschlichen kommt. In solchen Fällen schicke ich Verstand und Logik und die restliche Rasselbande sofort in ihre Ecke und fühle ganz tief in mich rein.

Fühle ich mich mit dem, was sie mir einreden wollen, gar nicht gut, weiß ich, dass sie mich wieder anlügen und ich mache dann nur das, was mir mein Herz sagt. Denn das fühlt sich jedes Mal gut an und das ist es dann auch, selbst wenn sich nicht alles auf Knopfdruck lösen lässt. Das braucht manchmal schon Zeit.

Apropos Zeit: Also ganz ehrlich, die Logik ist schon manchmal seltsam. Sie will ständig für alles Beweise haben, und zwar am liebsten sofort. Natürlich tut es immer gut, Beweise zu sehen, aber nicht immer geht das eben so schnell. Manchmal dauert es einfach eine Weile. Ich selbst fange dann auch oft an, ungeduldig zu werden, wenn ich lange nicht merke, dass wirklich etwas passiert oder dass es vorwärtsgeht. Doch das Herz hat mir gesagt, dass ich dann einfach nur wieder Verstand, Logik und die ganze Rasselbande rauswerfen und in mich reinfühlen soll. Und auf einmal ist es wieder da, das Vertrauen. Das Vertrauen in mich und in meinen Traum oder mein Ziel.

Dann mache ich weiter, selbst wenn ich noch keine Beweise sehe, dass es klappt... Bis sie dann plötzlich auftauchen, wenn auch manchmal erst, wenn ich dann schon kurz vom Aufgegeben war und gar nicht mehr damit gerechnet habe.

Gerade fällt mir noch was ein, was der Himmel und auch die Boss-Wolke mal zu mir gesagt haben: *Triff eine andere Entscheidung.* Wenn ich nur dran denke, wie ich mich damals angestellt habe... Na ja, es dauert eben manchmal seine Zeit, bis man was dazugelernt hat und etwas wirklich begreift. Bei mir hat's auch gedauert, aber heute weiß ich, was die beiden damit gemeint haben und vor allem, ich weiß jetzt, wie das geht:

Bevor ich eine andere Entscheidung treffen will, schau ich erst mal, dass ich wieder ruhig werde. Nur wenn ich ganz ruhig bin und dem Lärm um mich herum und in meinem Kopf abstelle, kann ich nämlich mein Herz sprechen hören. Außerdem, wenn die Angst und ihre Geschwister samt Logik und Verstand mir die Ohren vollplärren, bin ich so durcheinander und gestresst, dass ich mich gar nicht richtig konzentrieren kann.

Was tu ich also? Genau! Ich werfe die ganze, plärrende und jaulende Rasselbande raus, konzentrier mich auf *Einatmen... Ausatmen* und so weiter und nach ner Weile bin ich wieder ruhiger. Dann höre ich erstmal auf, mir den *Mist* anzuschauen und konzentriere mich auf *Lösung.* Ich fühle wieder in mich rein und schaue, wie sich die Lösung, die mir eingefallen ist, anfühlt. (Na ja, nicht immer ist es gleich die endgültige Lösung, aber zumindest ist es ein Schritt in die richtige Richtung.) Erst dann treffe ich meine Entscheidung. Mein Herz hat mir nämlich mal gesagt, dass ich nur aus der Ruhe heraus richtig nachdenken und entscheiden kann. Und das klappt tatsächlich! Bessere und auch vernünftigere Entscheidungen habe ich nie vorher getroffen.

Weißt du, was meine allerbeste Entscheidung war? Ich verrate sie dir. Meine beste Entscheidung war, dass ich dem Haustier namens Selbstmitleid der Cousinen Trauer und Enttäuschung bei mir Hausverbot erteilt habe. Ich mag Tiere wirklich sehr, nur dieses eine nicht. Dieses ständige Gejaule von Selbstmitleid ist nicht auszuhalten! Das treibt einem fast zum Wahnsinn! Je mehr es jault und winselt, umso schlechter fühle ich mich und umso weniger Kraft habe ich, um überhaupt was zu tun.

Es kommt ja immer vor, dass Mist einfach passiert, aber nicht nur bei mir, sondern bei jedem anderen auch. Das ist nun mal so. Alles hat nämlich zwei Seiten. Es kann nicht immer nur alles gut sein, es muss auch mal anders laufen, weil sonst weiß ich ja nicht, ob es bei mir gut oder schlecht läuft oder ob ich was verändern muss.

Dass Mist auftaucht, kann ich leider nicht ändern, genauso wenig, wie ich die anderen ändern kann. Ich kann nur eines ändern, nämlich mich selbst, meine Gedanken, meine Meinungen und meine Einstellungen. Lieber Himmel, was habe ich mich früher aufgeregt! Jeden Mist, der passiert ist, habe ich als absolute Katastrophe angesehen. War ja klar, weil ich ständig Besuch von diesem jaulenden Haustier hatte. Nachdem ich dieses Tier ein für alle Mal rausgeworfen habe, fiel bei mir endlich der Groschen.

Die gute Seite an Mist, der mir passiert, ist die, dass ich für später was lernen kann und dass ich die Zeiten, in denen alles wunderbar läuft, nun wirklich genieße. Jeden Abend, wenn ich mich in mein Flussbettchen lege, bin ich dankbar dafür, dass dieser Tag schön war und ich problemlos fließen konnte. Wenn Mist passiert ist... Zugegeben, ich habe mich vielleicht kurz darüber geärgert, aber das war es dann auch schon. Mir fällt in diesen Augenblicken nämlich immer eine Sache ein:

Erinnerst du dich noch an die kalten Regenwolken, die tagelang am Himmel klebten und es scheußlich regnen ließen? Die ganze Zeit war ich ja stinksauer und meine Laune furchtbar mies. Davon haben die Regenwolken sich überhaupt nicht beeindrucken lassen, sondern sind geblieben, bis sie fertig waren. Ob ich stinkig war oder nicht, hat sie gar nicht interessiert. Auch die ganzen Biegungen und Steigungen, die mich auf meinem Weg genervt haben, interessierten sich nicht für meine schlechte Laune. Doch - wie gesagt - hat es bei mir Klick gemacht.

Es ist *mein* Tag, den ich mir mit dieser miesen Laune verderbe, nicht der Tag der Regenwolken oder von anderem Mist! Die Regenwolken, so wenig ich sie auch leiden konnte, hatten ja auch ihr Gutes, wie ich hinterher entdeckt habe. Ich bin größer und stärker geworden, ohne großartig was tun zu müssen. Auch die ganzen Biegungen und Steigungen haben mich größer und stärker gemacht, so anstrengend es auch war, bis ich sie geschafft hatte.

Deshalb habe ich bei sowas auch eine andere Entscheidung getroffen:

Ich vergeude meine Tage nicht mehr damit, mich darüber aufzuregen und miese Laune zu haben. Auch diese Situation ist irgendwann vorbei und in der Zwischenzeit freu ich mich auf die schöne Zeit danach, egal wie lange es bis dahin dauert. So klappt es viel besser. Ich bin viel motivierter. Obendrein vergraule ich damit auch keine anderen und ich verderbe ihnen

168

mit meiner Stinklaune auch nicht ihren Tag.

Klar kommt es vor, dass ich mich mal über die anderen ärgere, wie etwa die Insekten, die Steine, die Pflanzen oder Tiere. Doch inzwischen schaue ich dann immer ganz genau hin. Sie tun meistens nichts Böses. So sieht es oft nur aus, weil ich was Komisches denke und irgendetwas hineininterpretiere. Ich kann ja nicht in sie hineinsehen und weiß damit nicht, warum sie etwas tun oder was sie genau denken.

Die zwei Freunde, Verstand und Logik, wissen es genauso wenig, auch wenn sie es ständig behaupten. Diese Rechthaber und Klugscheißer schlussfolgern einfach aus dem, was ihnen Zweifel, Negativer Gedanke, Erinnerung oder die anderen der Angstfamilie einflüstern. Richtig sein muss das deshalb noch lange nicht. Aber sobald diese ganze Rasselbande das Plärren anfängt, fange ich an, komische Dinge über die anderen zu denken und interpretiere irgendwas in sie rein, was überhaupt nicht stimmen muss.

Natürlich kann ich mir ständig den Kopf darüber zerbrechen, warum die anderen dies und jenes tun oder lassen. Das habe ich zumindest früher ziemlich oft getan, nur dazu habe ich überhaupt keine Zeit mehr und schon gar keine Lust! Das ist doch deren Leben und nicht meines. Für mich ist es viel wichtiger, dass *ich* alles richtig mache und *ich* weiterfließen kann. Ich bin doch der kleine Fluss und will fröhlich vor mich hin fließen, bis ich ans Meer komme! Damit bin ich doch beschäftigt genug!

Was tu ich also? Genau! Ich kümmere mich um *meine* Sachen und *mein* Ziel und sehe zu, dass es *mir* gut geht und bei *mir* alles glatt läuft. Heute nutze ich meine Zeit lieber für *die* Dinge, die *mir* wichtig sind und vergeude sie nicht mit Dingen, die mich im Grunde gar nichts angehen. Was andere denken oder warum sie so handeln und nicht anders, das sind genau *die*

Dinge, die mich überhaupt nichts angehen. Das ist einzig und allein *deren* Sache, weil - das hat mir neulich erst der Himmel gesagt - jeder ist nur für sein eigenes Leben verantwortlich.

Alle haben ihre ganz eigenen Erfahrungen im Leben gemacht und aus denen heraus handeln und denken sie. Selbst wenn ich das genaue Gegenteil denke, muss das deshalb noch lange nicht falsch sein. Das dachte ich früher nämlich immer. Aber so wie *ich* denke, dass ich das Richtige tue, so denken die anderen es ebenfalls. Für sie ist *ihres* eben richtig. Für mich kann das total falsch sein, aber es ist ja deren Leben, nicht meines. Ich mache, denke und fühle nur noch das, was sich für *mich* richtig anfühlt und lass die anderen ihres tun... auch wenn es mich manchmal trotzdem ärgert.

Dann denke ich mir immer:

Ach macht doch, was ihr wollt. Ich lasse mir von euch doch nicht meine gute Laune verderben. Ich bin der kleine Fluss, der unbedingt ans Meer kommen will und nichts und niemand hält mich davon ab!

Nähere Infos
zu meiner Arbeit als Life Coach
und eine Übersicht meiner Bücher
findest du auf meiner Homepage:

www.keera-lifecoaching.de